COMPORTAMENTO DO CONSUMIDOR
Vencendo desafios

Dados Internacionais de Catalogação na Publicação (CIP)
(Câmara Brasileira do Livro, SP, Brasil)

B219c   Banov, Márcia Regina.
        Comportamento do consumidor : vencendo
     desafios / Márcia Regina Banov. – São Paulo,
     SP : Cengage Learning, 2017.
     132 p. : il. ; 23 cm.

Inclui bibliografia e anexos.
ISBN 978-85-221-2714-6

      1. Comportamento do consumidor.
    2. Processo decisório. 3. Defesa do
    consumidor. 4. Consumidor virtual. I.
    Título.

                       CDU 658.89
                       CDD 658.8342

Índice para catálogo sistemático:

1. Comportamento do consumidor   658.89
(Bibliotecária responsável: Sabrina Leal Araujo – CRB 10/1507)

COMPORTAMENTO DO CONSUMIDOR
Vencendo desafios

Márcia Regina Banov

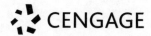

Austrália • Brasil • México • Cingapura • Reino Unido • Estados Unidos

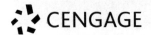

Comportamento do consumidor – Vencendo desafios

Márcia Regina Banov

Gerente Editorial: Noelma Brocanelli

Editora de Desenvolvimento: Salete Del Guerra

Editora de aquisição: Guacira Simonelli

Supervisora de Produção Gráfica: Fabiana Alencar Albuquerque

Produtora gráfica: Raquel Braik Pedreira

Especialista em direitos autorais: Jenis Oh

Copidesque: Adriane Gozzo

Revisão: Marileide Gomes

Diagramação: Triall Composição Editorial Ltda.

Figuras: Elaboradas pela autora

Design de capa: Gabriel Cernic

© 2018 Cengage Learning Edições Ltda.

Todos os direitos reservados. Nenhuma parte deste livro poderá ser reproduzida, sejam quais forem os meios empregados, sem a permissão, por escrito, das editoras. Aos infratores aplicam-se as sanções previstas nos artigos 102, 104, 106 e 107 da Lei nº 9.610, de 19 de fevereiro de 1998.

Esta editora empenhou-se em contatar os responsáveis pelos direitos autorais de todas as imagens e de outros materiais utilizados neste livro. Se porventura for constatada a omissão involuntária na identificação de algum deles, dispomo-nos a efetuar, futuramente, os possíveis acertos.

A editora não se responsabiliza pelo funcionamento dos links contidos neste livro que possam estar suspensos.

Para informações sobre nossos produtos, entre em contato pelo telefone **0800 11 19 39**

Para permissão de uso de material desta obra, envie seu pedido para direitosautorais@cengage.com

© 2018 Cengage Learning. Todos os direitos reservados.

ISBN 13: 978-85-221-2714-6
ISBN 10: 85-221-2714-X

Cengage Learning
Condomínio E-Business Park
Rua Werner Siemens, 111 – Prédio 11 – Torre A – conjunto 12
Lapa de Baixo – CEP 05069-900 – São Paulo –SP
Tel.: (11) 3665-9900 – Fax: (11) 3665-9901
SAC: 0800 11 19 39

Para suas soluções de curso e aprendizado, visite **www.cengage.com.br**.

Impresso no Brasil
Printed in Brazil
1ª ed. - 2017

Apresentação

Estudar o comportamento do consumidor é uma via de mão dupla. Por um lado, auxilia o profissional de marketing a elaborar estratégias para descobrir necessidades e desejos dos consumidores para desenvolver produtos que os atendam, além de auxiliá-los na comunicação de tais produtos. Por outro lado, oferece condições para que o consumidor possa descobrir os meios usados por tais profissionais e ser mais consciente no consumo.

Se hoje o consumidor compara produtos, preços, qualidade, atendimento, reclama, oferece sugestões e busca por seus direitos é porque evoluiu no conhecimento sobre o comportamento do consumidor.

É inegável as contribuições do comportamento do consumidor para a melhoria de estabelecimentos comerciais, produtos e no relacionamento entre a empresa que oferece o produto e quem o consome.

Para mostrar estes pontos, o livro tem como objetivo oferecer os conceitos e as práticas que envolvem o comportamento do consumidor, por meio de linguagem simples e didática.

Para atender ao objetivo proposto, o livro foi dividido em oito capítulos. O primeiro aborda os conceitos básicos como produto, consumidor, consumidores potenciais e virtuais, pessoais e organizacionais, necessidades e desejos, segmentação e nichos de mercado e o composto de marketing, formado pelos 4 Ps: Produto, Preço, Promoção e Ponto.

O segundo capítulo aborda os fatores intrínsecos do comportamento do consumidor como: percepção, que, além dos seus aspectos básicos e os princípios que a regem, aponta o quanto ela contribui para a melhoria de estabelecimentos comerciais e apresentação de produtos. Aborda as motivações inconscientes, e sua fragilidade, e as conscientes. Mostra como o consumidor aprende a consumir e as atitudes dele no consumo e, principalmente, que a sua intenção não garante o consumo.

Com relação aos fatores extrínsecos que o influencia, o terceiro capítulo aborda os fatores demográficos, a relação entre idade, estado civil e posição no ciclo de vida, os estilos de vida, os fatores sociogrupais e socioculturais que auxiliam na elaboração de produtos e estratégias para a segmentação de mercado. Apresenta as tendências culturais apontando também as mudanças no conceito de um produto.

O quarto capítulo aborda o processo de decisão mostrando como o consumidor está cada vez mais detalhista para decidir suas compras, e oferece aos profissionais de marketing estratégias para conquistar o consumidor ao facilitar sua decisão, além de apontar as pessoas que estão envolvidas no processo de compras.

Para se ter uma visão geral de como se pesquisa o comportamento do consumidor, o Capítulo 5 mostra como se faz as principais pesquisas, desde as tradicionais até as decorrentes da tecnologia e alerta quanto ao perigo do estudo do cliente personalizado.

Com o avanço da tecnologia surge o consumidor virtual e é o sexto capítulo que discorre sobre o assunto apontando os fatores que o influenciam, a construção de lojas virtuais, a presença delas em blogues e redes sociais e os 8 Ps do marketing virtual.

O sétimo capítulo trata da importância do relacionamento com o consumidor para a sua fidelização. Aborda as principais queixas do consumidor, os meios que a empresa utiliza para entrar em contato com ele e os programas de fidelização.

Para finalizar, num momento em que a sociedade brasileira clama por ética em todos os seus setores, o oitavo capítulo encerra o livro com a ética e as políticas de proteção aos consumidores que orientam tanto as empresas como os consumidores quanto aos aspectos éticos e legais.

Este livro agrega valor aos profissionais de marketing e aos consumidores em geral.

Material complementar

O material de apoio on-line está disponível na página do livro, no site da Cengage Learning (www.cengage.com.br), mediante cadastro, e é composto pelos seguintes itens:

- Para os *alunos* e *professores* são apresentadas respostas das 40 questões relacionadas aos temas estudados e situações do cotidiano que envolve o comportamento do consumidor que aparecem no final do livro.
- Para os *professores*, apenas, são disponibilizados slides em Power Point® como apoio para a preparação das aulas. Além disso, encontrarão 30 questões com respostas como sugestão para auxiliá-lo em sua prática com os alunos, que pode ajudá-lo a criar novas questões.

Agradecimentos

Aos meus pais, Balbina (*in memoriam*) e João, pelo incentivo aos estudos.

Aos colegas que direta ou indiretamente apoiaram este trabalho, em especial aos professores Melville Ross Franco de Oliveira, Rafael Daltro Graciane, Roberto Henrique de Sousa e Tabajara Viroti Cruz, por suas contribuições e revisões em suas áreas de conhecimento.

Sumário

Capítulo 1 Comportamento do consumidor 1

    1.1 Produtos, consumidores, consumidores potenciais e virtuais 4
    1.2 Tipos de consumidores 5
    1.3. Necessidades e desejos 6
    1.4. Segmentação de mercado 7
    1.5 Nichos de mercado 8
    1.6 Composto de marketing 8

Capítulo 2 Fatores intrínsecos que influenciam o comportamento do consumidor 11

    2.1 A percepção afetando o comportamento do consumidor ... 11
        2.1.1 Os órgãos dos sentidos 12
        2.1.2 Processamento de informações 13
        2.1.3 Variáveis da atenção 14
        2.1.4 A interpretação da informação 17
        2.1.5 A Lei de Weber 20
    2.2 A Psicanálise no comportamento do consumidor 21
        2.2.1 Os níveis da vida mental 21
        2.2.2 Os elementos da personalidade 23
        2.2.3. O tríplice apelo 24
        2.2.4. Mecanismos de ajustamento ou defesa 24

Comportamento do consumidor • Vencendo desafios

2.3 A motivação no consumo 26
    2.3.1 A teoria de Abraham Maslow 27
    2.3.2 A teoria de Ernest Dichter 30
2.4 A aprendizagem no consumo 32
2.5 Atitudes no consumo..35

Capítulo 3 Fatores extrínsecos que influenciam o comportamento do consumidor..37

3.1 Fatores demográficos 37
    3.1.1 Gênero..38
    3.1.2 A idade, o estado civil e a posição no ciclo de vida 40
3.2 Estilos de vida ou segmentação psicográfica.................43
3.3 Fatores sociogrupais...45
    3.3.1 Classificação dos grupos.......................................45
    3.3.2 A família no consumo 46
    3.3.3 Os papéis sociais...47
    3.3.4 A criança no consumo 48
    3.3.5 O adolescente no consumo....................................49
    3.3.6 O novo membro da família.....................................50
    3.3.7 Grupos de referência 51
    3.3.8 Classes sociais...52
3.4 Fatores culturais..53
    3.4.1 Correntes sociais...55
    3.4.2 Tendências e movimentos sociais.........................56
    3.4.3 A moda 59
    3.4.4 Mudanças no conceito de um produto 60

Capítulo 4 Processo decisório...61

4.1 Comportamento do consumidor × comportamento de consumo 61
4.2 Comportamentos de consumo..61
    4.2.1 Impulsivos...61
    4.2.2 Compulsivos..62
    4.2.3 Racionais...63

Sumário

4.3	O processo de decisão de compra 64
	4.3.1 Pré-compra...64
	4.3.2 Compra...66
	4.3.3 Pós-compra 67
4.4	Conquistando o consumidor ao facilitar sua decisão.........68
4.5	Pessoas envolvidas no processo de compra......................69

Capítulo 5 Pesquisando o consumidor...71

5.1	A pesquisa do comportamento do consumidor...................71
5.2	Tipos de pesquisas...72
5.3	Métodos de pesquisa...73
5.4	Técnicas de pesquisa 75
5.5	A pesquisa, a tecnologia e o cliente personalizado.............80

Capítulo 6 O consumidor virtual...83

6.1	Fatores que influenciam o comportamento do consumidor virtual..85
6.2	A construção do website ou loja virtual.............................86
6.3	A presença em blogue e redes sociais 86
6.4	Os 8 Ps do marketing virtual..87

Capítulo 7 O relacionamento com o consumidor............................89

7.1	Além do produto, o atendimento ao consumidor 89
7.2	Principais queixas do atendimento ao consumidor 90
7.3	Canais de relacionamento com o consumidor....................91
7.4	Programas de relacionamento com o consumidor para fidelizá-lo..93

Capítulo 8 Ética e políticas de proteção e defesa do consumidor.......95

8.1	Código de Proteção e Defesa do Consumidor (CDC)...........95
8.2	Políticas de proteção e defesa do consumidor 97
	8.2.1 Procon..97
	8.2.2 O Instituto Nacional de Metrologia, Qualidade e Tecnologia (Inmetro)..97
	8.2.3 Os Juizados Especiais Cíveis 98

xi

Comportamento do consumidor ♦ Vencendo desafios

8.2.4 Delegacias Especializadas em Crimes Contra o Consumidor (Decon) 98

8.2.5 As entidades civis de defesa do consumidor 98

8.2.6 O Instituto Brasileiro de Turismo (Embratur) 98

8.2.7 Superintendência de Seguros Privados (Susep) 99

8.3 Reclamações pela internet 99

8.3.1 Redes sociais 99

8.3.2 Sites de reclamações..100

8.4 Conar – a defesa da propaganda e do consumidor 100

8.5 Ética nas relações com o consumidor..............................101

8.5.1. Os integrantes dos ideais de justiça na relação com o consumidor 103

Anexos 105

Questões dissertativas...105

Questões objetivas 109

Referências bibliográficas...118

CAPÍTULO 1

Comportamento do consumidor

Em 1899, o sociólogo e economista Thorstein Veblen criou o termo "Consumo ostensivo", referindo-se ao exagero de consumo. Porém, consumir bens e serviços não essenciais de forma mais abrangente e significativa aconteceu após a era industrial. As máquinas foram poupando tempo e energia, barateando e facilitando o acesso ao consumo. Mudanças de hábito foram acontecendo conforme a população rural migrava para os centros urbanos. A classe média e trabalhadora passou também a consumir produtos não essenciais.

A Revolução Industrial gerou lucros para a classe burguesa, que, por sua vez, percebeu que para acumular mais capital deveria vender seus produtos. Como havia concorrência, era preciso provar que seu produto era melhor que o do outro, por isso começou a usar o que se conhece como propaganda.

Mas e a preocupação com o comportamento do consumidor?

Embora existam registros antigos, o estudo do comportamento do consumidor é uma área nova, que vem crescendo significativamente com o nascimento do conceito de marketing.

Os primeiros manuais foram escritos na década de 1960. Sua origem intelectual, contudo, é muito mais antiga. Thorstein Veblen, por exemplo, falou sobre exageros do consumo em 1899. Nos primeiros anos do século XX, os escritores começaram a debater de que maneira os anúncios poderiam utilizar princípios psicológicos. Na década de 1950, ideias oriundas da psicologia freudiana foram popularizadas por pesquisadores da motivação e usadas por anunciantes. Entretanto, apenas com o surgimento do conceito de marketing na mesma década, foi reconhecida a necessidade de estudar o comportamento do consumidor. (Mowen, 2003, p. 3.)

O estudo do comportamento do consumidor é uma área multidisciplinar que recebe contribuições de um conjunto de ciências, como a Psicologia, com seus estudos sobre percepção, motivação, emoções, aprendizagem, atitudes; a Sociologia, com suas pesquisas sobre fatos sociais e grupos; a Antropologia, com seus estudos culturais; a Política, com suas pesquisas sobre o poder; a Economia, com seus estudos de produção, distribuição e consumo. Estas são as principais ciências que formam as bases deste estudo, que tem por objetivo compreender o que leva as pessoas a consumirem determinados produtos e por meio de tal compreensão possa oferecer aos profissionais de marketing informações de pesquisas para suas estratégias quanto à criação, ao desenvolvimento e à produção de produtos e marcas que colocam no mercado e a melhor forma de divulgá-los. Perguntas como: o que, por que, onde, como, quando e com que frequência as pessoas compram fazem parte da pesquisa do comportamento do consumidor.

Figura 1.1 Ciências que contribuem para o estudo do comportamento do consumidor.

Igualdades e diferenças apontam estratégias para o consumo. Mariana tem 20 anos e estuda na mesma faculdade que Jéssica, também de 20 anos.

Estão na mesma sala, têm as mesmas condições socioeconômicas, porém Mariana usa roupas bem esportivas e que estão na moda, enquanto Jéssica prefere roupas mais sociais e tradicionais. As preferências são diferentes. Existem milhares de jovens que se vestem como Mariana e outros tantos que se vestem como Jéssica.

As pessoas são diferentes no que se refere à sua maneira de ser, pensar, perceber, em relação ao estilo de vida, à classe social, à idade etc. Têm diferentes interesses e diferem, ainda, quanto às necessidades e aos desejos de consumo. Um produto não serve para todas as pessoas. Os comércios também diferem em relação à concorrência quanto ao tamanho, à qualidade do produto, aos preços, aos meios de divulgação e aos consumidores. Da mesma maneira que existem as diferenças, existem as semelhanças; pessoas que consomem como Mariana e pessoas que consomem como Jéssica. Assim, o estudo do comportamento do consumidor, com suas pesquisas, procura compreender os fatores que fazem que determinado grupo de pessoas consuma certo produto e não outro, e com tal estudo possa oferecer pesquisas sobre os motivos que geram preferências e hábitos de consumo, para que as empresas possam desenvolver estratégias adequadas para criar, vender e divulgar seus produtos.

O estudo do comportamento do consumidor pesquisa os fatores internos do consumidor, como percepção, motivações conscientes e inconscientes, aprendizagem de consumo, memória e atitudes; e os fatores externos, como dados demográficos, ciclo de vida, estilos de vida, além dos fatores sociais e culturais que o influenciam e que vão apontar o tipo de pessoas ou grupos e quais características estas pessoas têm em comum para consumirem o mesmo produto. Estes temas serão estudados nos próximos capítulos,

Comportamento do consumidor • Vencendo desafios

bem como os tipos de pesquisas, a influência da tecnologia no estudo do comportamento do consumidor, como o consumidor virtual, a construção de websites, blogues e redes sociais, o processo decisório de compra e a ética e políticas de defesa e proteção do consumidor.

Este capítulo tem como objetivo definir o estudo do comportamento do consumidor e apresentar os principais termos e conceitos relacionados ao tema, que vão aparecendo no decorrer dos capítulos. Para vários temas são lançados desafios, que o leitor será capaz de vencer depois da leitura e compreensão dos textos.

Mas o que são produtos? Quem são os consumidores?

1.1 Produtos, consumidores, consumidores potenciais e virtuais

As definições de produtos, consumidores, consumidores potenciais e virtuais serão seguidas no contexto do livro. São elas:

a) **Produto:** qualquer coisa (tangível, aquilo que pode ser tocado, por exemplo: um brinquedo ou uma maçã) ou serviço (intangível, o que não pode ser tocado, por exemplo: consultorias, aulas, serviços bancários) que possa ser oferecido a uma pessoa ou grupo para satisfazer a uma necessidade ou desejo. Há alguns anos produtos e serviços eram considerados distintos na literatura de marketing. Na atualidade, tanto os produtos quanto os serviços são considerados produtos. Por exemplo, uma consultoria de treinamentos tem como produtos treinamentos em Recursos humanos, Marketing, Gestão, entre outros que são intangíveis, assim como móveis, entre outros produtos que podem ser tocados.

b) **Consumidores:** pessoas, empresas ou governo que compram produtos. No decorrer deste livro, os clientes serão chamados consumidores.

c) **Consumidores potenciais:** grupo significativo de pessoas que partilham de uma mesma necessidade ou desejo. Por exemplo: o absorvente feminino, usado por mulheres que menstruam, faz delas clientes potenciais para tal produto. Este produto também pode ser utilizado por mulheres menopausadas, que têm problemas urinários, ou por homens que têm problemas com hemorroidas. Embora estes últimos comprem o produto, no que diz respeito à quantidade estão longe das mulheres

Capítulo 1 • Comportamento do consumidor

que menstruam. Desse modo, elas são consideradas consumidores potenciais e os outros grupos apenas consumidores.

d) Consumidores virtuais: consumidor que adquire produtos pela internet, por meio de computador ou dispositivos móveis, como notebook, celulares, tablets e outros similares, conectados à rede.

Salienta-se que os estudos baseiam-se em estatísticas e são direcionados sempre aos resultados da maioria que consume determinado produto.

O profissional de marketing precisa identificar quem são os consumidores e os consumidores potenciais para usar a comunicação adequada para cada situação ou desenvolver produtos que possam ser adaptados a tais consumidores.

1.2 Tipos de consumidores

Existem basicamente dois tipos de consumidores: os pessoais e os organizacionais.

a) Consumidores pessoais: compram produtos e serviços para seu próprio uso, como roupas, calçados, produtos de higiene, alimento; coisas para sua casa, como mesa, fogão, geladeira, televisão; produtos para seu conhecimento, como cursos, livros, revistas; compram ainda produtos para seu lazer, como cinema, teatro, passeios, viagens; e outros produtos que atendam às suas necessidades pessoais.

Como tudo o que compram é, em grande parte, para seu próprio uso, são conhecidos como consumidores finais. Porém, ressalta-se que muitas vezes os produtos são comprados por uma pessoa, mas que destinam-se a outras pessoas, principalmente aos familiares.

> A pessoa que faz a compra de um produto nem sempre é o usuário final, ou o único usuário, do produto em questão. Nem o comprador é necessariamente a pessoa que toma a decisão de compra do produto. Uma mãe pode comprar brinquedo para os seus filhos (que são os usuários); pode comprar alimentos para o jantar (e ser um dos usuários); ela pode comprar uma bolsa e ser a única usuária. Ela pode comprar uma revista que um dos seus filhos adolescentes pediu ou alugar um vídeo que seu marido pediu, ou ela e o marido juntos podem comprar uma camionete que ambos escolheram. Está muito claro que os compradores nem sempre são os usuários ou os únicos usuários, dos produtos que compram, nem que eles tomam as decisões de compras sozinhos. (Schiffman e Kanuk, 2000, p. 6.)

Neste momento entram novas questões: quem tem o poder de decidir? O comprador ou o usuário? (A esposa? O marido? O filho?) Quem vai pagar pelo produto ou serviço? Para quem o profissional de marketing deverá dirigir seu apelo, sua propaganda e suas promoções?

b) **Consumidores organizacionais:** são todos e quaisquer tipos de organizações e empresas, sejam privadas ou públicas, com ou sem fins lucrativos, que adquirem produtos.

Embora os consumidores organizacionais sejam importantes, este livro tem o foco no consumidor pessoal, nos fatores que o influenciam e no processo de tomada de decisão.

A base do consumo de produtos são as necessidades e/ou os desejos.

1.3 Necessidades e desejos

Os produtos são criados, desenvolvidos e produzidos para satisfazerem às necessidades e aos desejos dos consumidores.

As necessidades se referem à natureza humana, àquilo que é imprescindível e que pode ser comprometido em situações de privações, porque envolve o que é realmente básico na vida, por exemplo: sede (qualquer líquido pode saciar), sono (fechar os olhos e dormir em qualquer lugar), livrar-se do frio (abrigar-se em qualquer lugar ou se cobrir com qualquer coisa).

Os desejos são necessidades que não fazem parte da natureza humana, mas que são decorrentes das influências dos grupos sociais e da cultura (local, nacional ou global), que se misturam aos aspectos psicológicos do indivíduo. Por exemplo, sede (desejar tomar refrigerante quando a água satisfaria à necessidade), fome (desejar comer hambúrguer quando qualquer alimento satisfaria à necessidade), sono (desejar um colchão macio para dormir quando qualquer lugar satisfaria à necessidade).

> Seja na forma de um indivíduo ou de uma empresa, o consumidor é toda a entidade compradora potencial que tem uma necessidade ou desejo a satisfazer. Essas necessidades e esses desejos podem variar dentro de um amplo espectro, que vai desde a fome e sede até amor, status ou realização espiritual. (Samara e Morsch, 2005, p. 2.)

É tarefa do profissional de marketing compreender as necessidades e os desejos não satisfeitos ou parcialmente satisfeitos dos consumidores, para poder criar, desenvolver ou adaptar seus produtos e oferecê-los a eles. Para atender a este objetivo, esse profissional precisa saber fazer a segmentação de mercado.

1.4 Segmentação de mercado

DESAFIO
Você adora festas e deseja abrir um bufê. Está pesquisando o assunto e a primeira coisa que lhe ocorre é quem será seu consumidor potencial.

A segmentação de mercado se refere à escolha de um grupo de consumidores que compartilham a mesma necessidade e/ou os mesmos desejos, que a empresa que o escolheu estará focada para criar, desenvolver ou adaptar produtos e comunicação direcionados ao grupo escolhido.

A segmentação pode ocorrer de diversas maneiras: pela idade, por exemplo, serviços educacionais para crianças entre 6 e 12 anos; sexo, como os tipos e as cores de esmaltes para as mulheres; localização, como produtos para quem vive em região praiana; estilo de vida, por exemplo, ferramentas para jardinagem para consumidores que gostam desse tipo de atividade; acessórios para grupos góticos; por classe social, como xampus e condicionadores para classes sociais com baixo poder aquisitivo, entre outros. Para segmentar, são estudadas as variáveis físicas e comportamentais.

Para segmentar, é possível combinar variáveis e, segundo Merlo e Ceribeli (2014, p. 5), as variáveis podem ser físicas, tais como idade, sexo, estado civil, escolaridade, ciclo de vida, ocupação, classe social e variáveis comportamentais, tais como personalidade, motivação, percepção, atitudes, expectativas sobre o produto, preferências etc.

A segmentação de um produto pode ser direcionada, por exemplo, aos jovens, solteiros, com nível universitário, que moram sozinhos (variáveis físicas), são realizadores e preferem comer em restaurantes que dão status (variáveis comportamentais).

A segmentação direciona o produto e as estratégias de marketing ao consumidor potencial.

VENCENDO DESAFIOS
Depois de compreender o que é segmentação de mercado, você deverá detalhar a segmentação do seu bufê.

Dentro da segmentação, identificar os nichos de mercado que abrem oportunidades para ofertar e adaptar produtos para grupos específicos.

1.5 Nichos de mercado

São segmentos de mercado relativamente pequenos, pouco explorados ou inexistentes, que têm capacidade econômica para satisfazer às necessidades ou aos desejos de possíveis consumidores potenciais pertencentes a estes pequenos grupos, que ainda não estão sendo atendidos, mas sinaliza tamanho suficiente para gerar lucros. Por exemplo, pacotes turísticos especificamente para pessoas com deficiência física.

Betanho (2015) define nichos de mercado como a segmentação dentro do segmento ou a segmentação da segmentação.

Em alguns casos, a prospecção de segmentos de mercado por meio de pesquisa pode revelar, dentro dos grupos, subgrupos de clientes que buscam nos produtos ou serviços características ainda mais distintas, por exemplo: Dentro do segmento de mulheres que desejam sapatos baratos, mas condizentes com a moda, existe um subgrupo que tem pés muito grandes ou muito pequenos.

Betanho (2015, p. 25) diz que [...] um nicho é o menor e mais homogêneo segmento dentro de um segmento maior predefinido. Segundo a autora, os nichos de mercado podem ser excelentes oportunidades para empresas pequenas, pois é possível atender a uma necessidade de um nicho com pouco investimento, além de ser mais fácil fidelizar o cliente, já que o produto que o consumidor necessita não tem muita concorrência.

1.6 Composto de marketing

Composto de marketing ou composto mercadológico, conhecidos como Produto, Preço, Promoção e Ponto, foram concebidos por Jerome McCarthy nos anos 1950 e popularizados por Philip Kotler nos anos 1960 e devem ser minuciosamente estudados para estimular o comportamento do consumidor. Foram popularizados como os 4 Ps e definidos como:

a) **Produto:** qualquer coisa tangível ou intangível que possa satisfazer a uma necessidade ou ao desejo do consumidor.

b) **Preço:** é o valor a ser pago pelo produto. O preço é elaborado de acordo com o mercado, o consumidor e o custo do produto para a empresa. Uma estratégia de preços bem elaborada atrai consumidores e confunde a concorrência.

Figura 1.2 Composto de marketing.

c) **Ponto:** é o local onde o consumidor encontrará o produto. São os diferentes canais de distribuição que a empresa se utiliza para colocar seus produtos para o consumidor. Por exemplo: uma blusa pode ser vendida em uma loja física, virtual, por catálogo, em supermercados, entre outros pontos de venda.

d) **Promoção:** tem a ver com a comunicação (propaganda) e com outros elementos promocionais que divulgam ou promovem os produtos.

A propaganda refere-se à divulgação/comunicação do produto. Segundo Dornelas (2001), três fatores devem ser considerados no plano de propaganda/comunicação da empresa: as pessoas envolvidas, a propaganda propriamente dita e a promoção.

a) **Pessoas envolvidas na divulgação do produto:** devem ser pessoas treinadas e qualificadas de acordo com o canal de distribuição e de divulgação.

b) **Propaganda:** usando mensagens e conteúdos adequados, a propaganda tem como objetivo fazer que uma mensagem informe, convença e reforce o valor do produto perante seus consumidores. A propaganda traz custos para a empresa, portanto deve ser bem planejada.

A propaganda pode ser veiculada por vários meios de comunicação (internet, jornal, revistas, folhetos, televisão, rádio, *busdoor*, mala direta, feiras, entre outros). A escolha de cada um depende do público que se quer atingir. E mesmo em cada veículo pode-se segmentar o público-alvo, focando ainda mais a audiência, selecionando horá-

Comportamento do consumidor • Vencendo desafios

rios específicos, dias da semana, épocas do ano etc. Uma campanha publicitária na televisão para o lançamento de um novo brinquedo, por exemplo, deve ser veiculada durante o dia, quando as crianças assistem aos programas infantis.

c) Promoção: vantagens e/ou descontos oferecidos: leve 3 e pague 2, brindes, cupons para concorrer a prêmios etc.

Imagine um novo notebook (produto), criado com aplicativos especificamente para as jovens adolescentes, no valor equivalente a US$ 500.00 (preço), que pode ser encontrado nas grandes livrarias e em lojas de eletrônicos em shopping centers ou pela internet (ponto). A divulgação é feita nas redes sociais, em banners em sites, e-mails e outros (promoção). O produto poderá ser pago em cinco vezes sem juros e no lançamento o consumidor levará como brinde uma mochila para carregá-lo (promoção).

Os 4Ps são elaborados com base no estudo do comportamento do consumidor.

Para o marketing virtual, o processo de produção de uma loja virtual deve obedecer aos 8 P(s): **p**esquisa, **p**lanejamento, **p**rodução, **p**ublicação, **p**romoção, **p**ropagação, **p**ersonalização e **p**recisão, que serão explorados no capítulo 6.

Não adianta uma empresa oferecer o melhor produto, preço, a melhor qualidade e comodidade em adquiri-lo se quem apresenta e vende o produto não atende satisfatoriamente ao consumidor. Portanto, na atualidade, o comportamento de relacionar-se com o consumidor, como pesquisa e estratégia, foi agregado ao estudo do comportamento do consumidor e terá adiante um capítulo especial para abordá-lo.

CAPÍTULO 2

Fatores intrínsecos que influenciam o comportamento do consumidor

Os fatores intrínsecos referem-se aos fatores internos do indivíduo, que fazem parte de sua constituição e são manifestados quando estimulados por eventos do ambiente externo, por exemplo: a fome (estímulo interno) pode ser estimulada pelo cheiro de pão que vem da padaria (estímulo externo). Estudá-los é uma maneira de entender quais fatores (internos) deveriam estar presentes quando um consumidor depara com um produto (externo) que o faria comprá-lo.

São vários os fatores internos que influenciam o comportamento do consumidor, e neste capítulo serão abordados os principais: a percepção, as emoções, a motivação, a aprendizagem e as atitudes.

2.1 A percepção afetando o comportamento do consumidor

DESAFIO
Você vai oferecer a um estabelecimento comercial uma proposta baseada nos fatores que influenciam a percepção do consumidor para torná-lo mais atraente e competitivo.

Comportamento do consumidor ◆ Vencendo desafios

Segundo Banov (2015, p. 60), a percepção é um processo por meio do qual os estímulos físicos, captados pelos órgãos dos sentidos, são transformados em interpretações psicológicas.

O ponto de partida da percepção são os órgãos dos sentidos. Todos os órgãos dos sentidos recebem, ao mesmo tempo, as mensagens do mundo externo e encaminham os dados brutos ao cérebro, que tem como função dar um significado ao conjunto de dados recebidos. Por exemplo, a percepção da fruta limão nasce das informações enviadas pela visão (formato e cor), pelo olfato (cheiro característico do limão), pelo tato (formato, aspereza da casca ao apertar e sentir o líquido dentro da fruta), pelo paladar (gosto azedo da fruta). Assim, podemos dizer que perceber é dar significado às sensações, é a capacidade de interpretar o mundo externo.

2.1.1 Os órgãos dos sentidos

Quanto mais órgãos dos sentidos forem explorados pelas empresas que oferecem produtos, maior será a probabilidade de conquistar o consumidor. Muitas ações têm sido desenvolvidas para melhor explorar os órgãos dos sentidos. São elas:

a) Visão: estratégias de organização dos produtos nas prateleiras e loja, limpeza, decoração, apresentação dos produtos, embalagens, fluxo de pessoas, mobiliário etc.

b) Olfato: shoppings com cheiros agradáveis que vão se diferenciando de um setor para outro, cheiro de carro novo por meio de fragrâncias produzidas em laboratórios, assim como as essências de sabores de hambúrgueres ou pipoca nos cinemas, cheiros de limpeza e higiene em lojas, hospitais e outros ambientes, pão fresco na padaria, flores frescas na floricultura, entre outros.

c) Audição: música ambiente, pessoas conversando, ruídos externos, voz do vendedor, entre outros.

d) Tato: temperatura ambiente, textura dos produtos, assento agradável etc.

e) Paladar: gosto de bebidas ou comidas, degustações.

Vejamos um exemplo do conjunto de sensações que um cliente pode ter em um restaurante que lhe permite formar uma opinião sobre ele:

Capítulo 2 • Fatores intrínsecos que influenciam o comportamento do consumidor

Visão: a conservação predial ou do salão, cores, decoração, pessoas que frequentam, limpeza ou asseio geral do ambiente e das pessoas.

Audição: barulhos na cozinha, algazarras de funcionários ou clientes, música ambiente (alta, não condizente com o local), ruídos externos ao ambiente.

Olfato: cheiros não adequados oriundos de qualquer parte do estabelecimento (banheiro, cozinha, gordura, desinfetantes) ou de fontes externas (fábricas, rios e córregos).

Tato: temperatura ambiente.

Paladar: gosto daquilo que é servido, seja comida ou bebida.

Tudo o que há em um ambiente pode ser percebido pelo cliente.

As perguntas básicas são: Como cada cliente percebe estes estímulos? Qual dos cinco sentidos é mais importante para o cliente naquela situação? Como o cliente pode interpretar ou reagir a essa percepção. (Silva, 2004, p. 32, 33.)

Este conjunto de sensações forma a percepção do cliente sobre o restaurante, que o fará voltar ou não a ele. Daí a importância do questionamento sobre como o cliente o percebeu.

Ao receber as informações dos órgãos dos sentidos, o cérebro fará o processamento.

2.1.2 Processamento de informações

Em um supermercado, por exemplo, o consumidor é exposto a milhares de estímulos: vê formas e cores nos produtos e sua organização nas prateleiras (visão), ouve vozes e música ambiente (audição), degusta (paladar), sente cheiros de pão, queijos etc. (olfato), apalpa frutas e legumes (tato). Nem todos os estímulos vão para o processamento de informações que o levará à compra. O consumidor opta pelos estímulos que está disposto a receber, sua exposição é seletiva. Daí a importância do estudo da percepção, de como fazer que determinado produto ou marca seja selecionado pelo consumidor. É tarefa do profissional de marketing fazer que o consumidor preste atenção no seu produto e deve lembrar-se de que deve chamar a atenção da maioria que necessita ou deseja o produto, por exemplo, um produto para conservar os pneus de um carro chamará a atenção de quem possui carro. Se o consumidor não tiver carro, não comprará tal produto.

13

2.1.3 Variáveis da atenção

A atenção direciona o foco a um ou a alguns estímulos escolhidos entre outros presentes. O conhecimento das variáveis dos estímulos que facilitam a atenção oferece estratégias para que o profissional de marketing possa chamar a atenção para seu produto ou marca. São eles:

Figura 2.1 Variáveis da atenção.

a) Iluminação: lojas mais iluminadas são bem mais convidativas que as lojas com pouca iluminação. Luzes adequadas sobre pães, verduras, carnes e outros produtos dão aparência de frescos. Luzes diferenciadas em produtos ou vitrines chamam a atenção. A iluminação de um ambiente comercial deve ser cuidadosamente planejada.

Embora as lojas mais iluminadas sejam as mais procuradas, deve-se levar em consideração que o contrário, ambientes mais escuros, embora não tão comuns, também é verdadeiro. Uma casa noturna ou uma balada, por exemplo, podem ser atraentes pela pouca iluminação.

b) Frequência: a frequência com que o produto aparece na prateleira em diversos estabelecimentos comerciais ou em propaganda. Aquele que aparece frequentemente chamará mais atenção que aquele que aparece uma vez ou outra.

c) Movimento: anúncios com movimento, por exemplo, cabelos esvoaçantes, gôndolas giratórias, entre outros, chamam mais atenção que anúncios estáticos ou produtos tradicionalmente colocados em prateleiras.

d) Posição ou localização do produto: sua localização ou posicionamento tem forte impacto em atrair a atenção, por exemplo, disposição dos produtos na direção de movimento do corredor, produtos na altura dos olhos, propagandas nas primeiras páginas de uma revista ou jornal etc.

Na mídia impressa, as páginas ímpares são sempre mais caras para os anunciantes. Uma localização no canto superior esquerdo (nas sociedades ocidentais) é sempre privilegiada, pois é uma prioridade

Capítulo 2 ◆ Fatores intrínsecos que influenciam o comportamento do consumidor

de leitura. Um responsável pela organização das gôndolas de um supermercado avalia o valor de cada prateleira em função da altura dos olhos do consumidor médio. Em uma loja de bijuterias, os artigos de baixa rotação têm tendência de ser colocados nas partes inferiores da vitrina, enquanto o relógio de pulso e as joias beneficiam-se de uma localização privilegiada. Na televisão, os anúncios incorporados pelos programas (merchandising) têm impacto superior àqueles que se agrupam durante o espaço publicitário. (Karsaklian, 2000, p. 44.)

e) **Tamanho:** anúncios ou embalagens grandes chamam mais atenção e fazem que o consumidor perceba com mais valor. Exemplo: embalagens de jogos de computador geralmente vêm em caixas bem maiores que o produto (CD/DVD), dando valor a uma embalagem para presente.

f) **Intensidade:** geralmente os estímulos com maior intensidade são selecionados. Por exemplo, chama nossa atenção um som agudo, um cheiro forte, um clarão.

g) **Contraste e novidade:** o que é diferente em relação à concorrência chamará mais atenção. Por exemplo, uma propaganda em mímicas no meio de propagandas faladas. Numa feira de gastronomia, um estande que oferecia saborosas comidas em embalagens em formato de copo quadrado vendeu bem mais que os demais estandes que também ofereciam saborosas comidas, mas em pratos plásticos ou marmitas de alumínio.

Um produto numa embalagem diferente das demais da mesma categoria chamará a atenção, assim como o próprio formato inusitado de um objeto chamará a atenção. Todo o ano são lançados novos modelos de carros que trazem uma pequena modificação que é salientada na promoção de vendas como o novo. (Gade, 1998, p. 34.)

h) **Nível do conteúdo:** deve ser coerente com a informação do produto, em linguagem compatível e acessível com o perfil do consumidor. Isso favorece ter um grau de atualidade e dar a sensação de moderno.

i) **O uso da cor:** são mais que estímulos físicos visuais. São estímulos psicológicos, condicionados pelo processo de socialização e transformados em símbolos, adquirindo um significado conotativo cultural.

A luz e as cores atuam como alimento ou água exigidos pelo organismo. No ser humano, o comprimento de onda de luz correspondente a determinada cor tem a propriedade de decompor pigmentos específicos que se encontram nas vesículas dos neurônios chamados cones, situados na retina e responsáveis pela visão de cores. Esta decomposição ocorre com maior ou menor intensidade, segundo comprimento de onda, provocando reações físicas e psicológicas. Por este motivo temos os efeitos excitantes ou depressores provocados por algumas cores. Levantar dados relacionados a preferência por cores e a personalidade, ou sobre estados afetivos-emocionais, não é mera especulação, mas ciência fundamentada.

Segundo as pesquisas da antropóloga Christine Ladd Franklin, o homem das cavernas só via em preto, branco e cinza e a evolução para a percepção de cores foi lenta e gradual. Isto se explica pela necessidade de o homem primitivo refugiar-se dos perigos da natureza em locais sem iluminação, dificultando assim a formação de pigmentos sensíveis e diferenciados para a visão de cores. A descoberta das armas e do fogo ajudaram nossas ancestrais a saírem e se arriscar por mais tempo a luz e isto propiciou o aperfeiçoamento dos neurônios cones.

As experiências do homem com as cores foram bastante profundas e significativas durante o processo civilizatório, dando origem a simbologia e significados psicológicos que funcionam com arquétipos: o sangue, vermelho, associados à morte e ao sofrimento; o fogo nas matas, com nuances vermelho-alaranjados, à ideia de perigo. Estas cores são excitantes e despertam emoções fortes, usadas universalmente como sinal de perigo e aviso de cautela. O negrume da noite esconde o desconhecido e o inimigo oculto nas sombras provoca depressão e melancolia. O negro, ou a ausência de luz, para alguns povos simboliza o luto, a tristeza e o reino das trevas. Finalmente o verde das árvores sob o céu azul – oferecendo frutas, local para descanso e material para abrigo – faz com que estas duas cores sejam calmantes e equilibradoras do sistema nervoso humano. Os exemplos citados justificam plenamente o estudo, as pesquisas e o interesse pelas cores, do ponto de vista psicológico e profissional, de qualquer área. (Tiski-Franckowiak, 2000, p. 106-107.)

Assim, as cores vão se traduzindo em importantes significados correlacionados com os valores de uma cultura.

Outro fator importante é a fadiga (cansaço) da atenção, que ocorre quando a repetição é excessiva, bem como o número de informações. Embora a repetição seja importante para a memorização do produto ou da marca, a estimulação contínua resulta em redução da percepção do estímulo. Exemplo: outdoor luminoso, quando colocado, chamará a atenção,

Capítulo 2 ✦ Fatores intrínsecos que influenciam o comportamento do consumidor

mas após alguns dias poderá passar despercebido, e isto acontece também com promoções.

2.1.4 A interpretação da informação

É a atribuição de significados da informação, um processo que envolve a organização, a categorização e a inferência.

a) Organização: os dados selecionados para serem processados precisam ser organizados. Esta organização acontecerá de acordo com os princípios da similaridade, da proximidade, do fechamento e da relação figura e fundo.

- Princípio da similaridade: semelhança, por exemplo, amido de milho: cores, tipos de letra e estilo de caixa semelhantes em todas as marcas. Certo consumidor foi comprar um produto de determinada marca e não percebeu que levou de outra.

- Princípio da proximidade: percepção de objetos próximos que formam o conjunto, de acordo com os hábitos culturais. Por exemplo: macarrão e queijo ralado, coador e pó de café. O consumidor vai comprar um produto e acaba levando outro que o acompanha.

- Princípio do fechamento: o cérebro sente a necessidade de complementação. É a tendência do ser humano de completar algo incompleto. Este princípio propõe uma continuidade. Exemplo: jingles incompletos que o consumidor completa.

- Princípio da relação figura e fundo: figura são os elementos que se destacam de um fundo, é o foco da atenção (o produto), e fundo se refere aos elementos que não se destacam, mas que fazem parte do contexto, por exemplo, um doce (produto) em destaque em um prato de sobremesas. Veja outros exemplos da relação figura e fundo:

  - Uma pessoa vai ao supermercado com o foco (figura) em comprar apenas produtos básicos, como arroz, feijão e farinha (sua figura). Estes produtos nunca ficam na entrada, sempre estão ao fundo do supermercado. Para atingir seu objetivo, a pessoa passará por várias gôndolas com atraentes produtos. Acaba comprando produtos desnecessários, pois no caminho para seu objetivo, ou seja, o fundo (supérfluo) transformou-se em figura.

  - Um jovem buscava por uma faculdade de Administração que realmente o qualificasse para o mercado de trabalho. Seu foco (figura) estava na qualidade de ensino. A primeira faculdade que visitou era um deslumbre. A área de alimentação contava com quiosques com variedade de opções: hambúrguer, cachorro-quente, lanches naturais etc., além de salão de cabeleireiro, sapataria, livraria, papelaria, loja de roupas, aluguel de filmes, farmácia e outras conveniências. Estas, que eram fundo, passaram a ser figura. Matriculou-se e descobriu que comprou conveniência, não qualidade de curso.

- Um cliente está reclamando do preço de uma máquina. Como estratégia, o vendedor retira o foco do preço e o coloca na qualidade, na garantia, nas condições de pagamento etc.

b) **Categorização**: os estímulos (produtos) são identificados como pertencentes a categorias. Por exemplo, em supermercados, as maçãs pertencem à categoria de frutas, o pão à padaria, o queijo aos laticínios etc. Em lojas de roupas, encontramos prateleiras ou vitrines específicas para roupas masculinas, se é o desejado. Na pesquisa sobre o comportamento do consumidor, o profissional de marketing poderá categorizar sua pesquisa por idade, sexo, estado civil, escolaridade, enfim, pela categoria que é importante para sua pesquisa.

c) **Inferência**: é a formação de crenças relacionada com a lealdade à marca. Esta formação ocorre com base nas características do produto e do contexto; o consumidor atribuirá qualidade ao produto. A força de uma marca conhecida faz que seus produtos sejam mais vendidos pela sensação de segurança que oferecem.

d) **A Teoria da Atribuição**: está vinculada ao processo perceptivo e consiste em atribuir/acrescentar significados ou valores ao produto/marca atribuídos também por outros usuários que desencadeiam lealdade à marca. Por exemplo, "não se compara o branco do sabão em pó 'X' ao branco das demais marcas de sabão em pó". Este valor atribuído pelos clientes é que vai formar a crença de que o seu branco nem se compara aos demais.

Na atualidade, são considerados, para muitos consumidores, atributos a um produto um leque de conveniência, principalmente numa época em que tempo e estresse procuram ser contornados. Estas conveniências podem ser:

- Disponibilidade de vários itens em um único lugar, ou seja, um *mix* de produtos e serviços. Em grandes redes de supermercados, pode-se encontrar petshop, lavanderia, praça de alimentação, drogaria, sapataria, quiosques bancários, entre outros produtos.
- Sistema de entrega, delivery: o consumidor ganha tempo, evita o estresse da fila e do estacionamento.
- Estacionamento 24 horas, principalmente em grandes centros urbanos, em que o trânsito e a dificuldade em encontrar uma vaga para estacionar é notória. Às vezes, um cliente prefere pagar um pouco mais em um produto, num local que tenha estacionamento, que pagar mais barato e ter problemas para estacionar. Um consultório em que não há lugar para estacionar gera perda de tempo e estresse.
- Poder comprar de diversas formas: pessoalmente, pela internet, por telefone e por outros canais.
- Funcionamento 24 horas, onde qualquer produto pode ser requisitado a qualquer tempo. O chuveiro queimou na madrugada? É só ligar que o eletricista chegará em menos de uma hora.

Figura 2.2 Interpretação da informação.

2.1.5 A Lei de Weber

Refere-se ao limiar de percepção ou discrepância entre o estímulo inicial e o final. Quanto maior é a intensidade do estímulo inicial, maior o aumento necessário para produzir um estímulo perceptível. Não notamos pequenas diferenças, desvios e discrepâncias. Mas os notamos quando são significativos. Um aumento de R$ 2,00 num produto de R$ 200,00 passaria despercebido, mas tal aumento num produto de R$ 1,00 seria percebido. Reduções pequenas em embalagens, tamanho ou quantidade não são percebidas pelo consumidor, o que leva algumas empresas a aumentarem seus lucros reduzindo quantidade mínima do produto, o que é ilegal e antiético.

O profissional de marketing deverá levar em consideração os fatores que influenciam a percepção do consumidor para poder elaborar estratégias adequadas para seu produto e sua marca serem eleitos pelo consumidor.

VENCENDO DESAFIOS

Com a leitura e compreensão do tópico *2.1 A percepção afetando o comportamento do consumidor*, você será capaz de oferecer a qualquer estabelecimento comercial uma proposta para torná-lo mais atraente e competitivo, como neste caso:

Imagine que a drogaria perto de sua casa tem pouquíssimos clientes, apesar de ser a única do bairro. Os donos notaram que os moradores da região preferem comprar na drogaria do bairro vizinho. Constatando este fato, os proprietários contrataram você, profissional de marketing, para orientá-los sobre o que poderiam fazer para que a drogaria se tornasse mais competitiva. Em sua primeira visita a este estabelecimento comercial, você constatou que a iluminação era precária, a aparência geral da drogaria deixava a desejar, os produtos não estavam organizados nas prateleiras, o cheiro de fossa do banheiro dava para ser sentido pelos consumidores, a parede do fundo era vermelha, dando um aspecto pesado ao ambiente, entre outros pequenos detalhes que não contribuíam com o visual da drogaria. Como você:

a) Usaria as variáveis da atenção para torná-la mais atraente?
b) Que sugestões você daria baseando-se no princípio da similaridade?
c) Que sugestões você daria baseando-se no princípio da proximidade?
d) Como você usaria a Teoria da Atribuição?

2.2 A Psicanálise no comportamento do consumidor

DESAFIO
Como usar a Psicanálise para fazer a propaganda de uma perfumaria e como reduzir as culpas no consumo?

O termo "Psicanálise" refere-se a uma teoria sobre o aparelho psíquico, elaborada por Sigmund Freud, que tem suas bases no inconsciente. No comportamento do consumidor, tal teoria tem sido largamente explorada na correlação do inconsciente, elementos da personalidade e mecanismos de defesa com o comportamento e gostos no consumo.

Segundo a Psicanálise, o aparelho psíquico é formado pelos níveis de vida mental (consciente, subconsciente e inconsciente) e pelos elementos que compõem a personalidade, também conhecidos como instâncias psíquicas (chamados Id, superego e ego).

2.2.1 Os níveis da vida mental

Os níveis da vida mental são divididos em:

a) **Consciente**: é o nível que registra coisas/acontecimentos que estão ocorrendo no momento, por exemplo: o consumidor está no supermercado e ouve algo sobre um produto que acaba de entrar em promoção e que lhe interessa. O consumidor está assistindo a um programa de televisão e entra a propaganda de um curso que lhe interessa. Estes acontecimentos do cotidiano que fazem que o consumidor tome conhecimento no momento em que ocorrem fazem parte do seu consciente.

b) **Subconsciente (ou pré-consciente)**: existem fatos que não estão acontecendo no momento, já aconteceram, mas por meio da memória o consumidor pode resgatá-los, pois estão sob seu domínio, podem ser trazidos à consciência. Por exemplo, o consumidor lembra-se da alegria de ter encontrado em uma única loja todos os presentes de natal que havia deixado para a última hora e, o melhor, que estavam de acordo com o que ele podia pagar e pensa em retornar à loja neste final de ano.

Comportamento do consumidor ♦ Vencendo desafios

c) **Inconsciente:** definido como o depositário de fatos, experiências e fantasias que por alguma razão foram eliminados da consciência e trancados no inconsciente e, por mais que a pessoa deseje, ela não consegue se lembrar. Embora tais fatos estejam fora da consciência, interferem no seu comportamento, inclusive o de consumo.

Tais fatos, experiências e fantasias podem ter ocorrido nos primeiros anos de vida, que, pela idade, faz que a pessoa não se lembre. Por exemplo, uma criança que adorava o perfume da mãe não se lembra de tal fato. Aquela fragrância, associada à satisfação do banho e outras experiências infantis com a mãe, pode levá-la, quando adulta, a impulsivamente comprar tal produto. Por outro lado, frustrações, medos e situações constrangedoras podem fazer que a criança, por não as suportar, a direcionem ao inconsciente. Por exemplo, a criança estava no provador quando a mãe saiu para pegar outro tamanho de roupa. A porta sem querer fechou e a energia elétrica caiu. A criança, com medo, começou a gritar e a mãe não conseguia abrir a porta. Tal experiência não pode ser lembrada pela criança, pois foi reprimida, impedida de chegar à consciência. Na vida adulta, ela poderá ter medo de entrar em provadores, e não adianta insistir.

Ao chegar ao hotel, o hóspede foi acompanhado pelo recepcionista até o quarto que havia reservado. Poucos minutos depois, desceu e pediu ao mesmo recepcionista que o mudasse de quarto. O recepcionista disse que aquele era um dos melhores quartos e o questionou quanto à limpeza, à arrumação, à iluminação e o que não lhe agradava. O hóspede respondeu que o quarto era bonito, estava bem-arrumado, limpo, não tinha o que reclamar, mas que quando entrou não se sentiu bem lá e não sabia por quê. O recepcionista tentou insistir e o hóspede reagiu dizendo que, se não fosse mudado de quarto, trocaria de hotel. Provavelmente um abajur, uma cadeira, um espelho, ou qualquer outro objeto semelhante ao que pudesse estar presente numa situação passada vivida e traumática que foi jogada no inconsciente, foram associados ao objeto encontrado no quarto de hotel, trazendo o mesmo sentimento do passado; outra situação, mas algum desses objetos (abajur, cadeira ou qualquer outro) semelhantes provocou o mesmo sentimento do passado. Ele não se lembra, portanto é inconsciente.

Muitas compras são impulsionadas pelo inconsciente da mesma maneira que muitas compras não acontecem impulsionadas também pelo inconsciente. Não adianta insistir.

2.2.2 Os elementos da personalidade

Os três elementos que, segundo a Psicanálise, compõem a personalidade, também chamados instâncias psíquicas, são:

a) **Id:** é o elemento biológico, a parte instintiva, animalesca e primitiva, que busca o prazer imediato sem medir consequência. É o apelo aos prazeres. Ele é regido pelo princípio do prazer. Em anúncios em que as pessoas comem, bebem, demonstram sua sensualidade, usam roupas que insinuam a sexualidade, universalmente têm apelo idílico (do id).

Ressalta-se que o sexo e a violência, tão explorados em programas e propagandas, estão ligados ao id. Alguns autores acreditam que o sexo vende autoestima, status e outros apelos, enquanto a violência venderia intimidação, prepotência, dominação ou apelos semelhantes. Porém, há pesquisadores que acreditam que as pessoas estão tão focadas no sexo e na violência que quase não veem mensagens publicitárias associadas a eles. Outros ainda acreditam que o conteúdo é tão comum na atualidade que não causa mais impacto.

É importante analisar o contexto social, verificando a moralidade predominante para saber dosar as mensagens idílicas.

b) **Superego:** é o elemento que se compõe e se desenvolve no convívio social, formando a moral. É responsável pelo remorso e sentimento de culpa. É regido pelo princípio da moral.

Propaganda de apelo aos idosos, a crianças desamparadas ou com graves doenças, aos perigos do álcool, ao fumo, à direção etc. são exemplos de propagandas cujo apelo é para o superego.

c) Ego: é o elemento da razão, que procura manter o equilíbrio entre o id (prazer) e o superego (moral). O ego é guiado pelo princípio da realidade. Os apelos ao ego são voltados para a qualidade, o preço, a utilidade do produto, as informações etc.

2.2.3. O tríplice apelo

O tríplice apelo constitui-se no uso dos três elementos como apelo numa mesma propaganda. Por exemplo, uma faculdade promove um evento na área da saúde e coloca a imagem de uma maravilhosa praia, com coqueiros e quiosques, com jovens na praia rindo (apelo ao id), e com letras garrafais coloca a mensagem "Atualize-se, com a saúde não se brinca" (apelo ao superego), acrescentando "com certificado e a um preço imperdível" (apelo ao ego).

Figura 2.3 Elementos da personalidade.

2.2.4. Mecanismos de ajustamento ou defesa

O id e o superego estão sempre em conflito. O id cria desejos que o superego tentará impedir de realizar. Por exemplo, desejar uma roupa que inconscientemente deixará a pessoa mais sensual (provocação do id), mas o preço é alto, o consumidor tem que pagar a faculdade, o transporte, o lanche, ajudar na despesa da casa (é a provocação do superego impedindo a compra). Para amenizar o conflito entre o id e o superego, o consumidor terá que fazer uso de artifícios (mecanismos de defesa) para resolvê-los. Embora estes mecanismos apresentem a realidade distorcida, amenizam o sentimento de culpa, liberam de maneira socialmente aceitável o id e se justificam perante o superego. Os mecanismos de defesa são inconscientes.

O sentimento de culpa é largamente utilizado como estratégia de marketing. Um exemplo são os apelos aos pais para que comprem produtos para seus filhos, minimizando o sentimento de culpa por trabalharem fora e deixá-los aos cuidados de outras pessoas (babá, avó) ou escolas.

Capítulo 2 • Fatores intrínsecos que influenciam o comportamento do consumidor

Segundo Gade (1998, p. 105), existem quatro tipos de culpa que os profissionais de marketing devem conhecer para elaborar estratégias para vencê-las. São elas:

1ª **Econômica:** o consumidor sente que o produto é supérfluo, que não precisa realmente dele.

2ª **Saúde:** quando o consumidor sente que o que come faz mal, tem colesterol, engorda etc.

3ª **Moral:** quando o consumidor transgride as leis morais, como no excesso de bebida alcoólica.

4ª **Responsabilidade social:** neste caso, a culpa é de não consumo e pode ser trabalhada para a compra, por exemplo, de produtos cuja renda é destinada a associações beneficentes.

Em marketing, os mecanismos de ajustamento ou defesa vêm para amenizar o sentimento de culpa para adquirir o produto. Os principais são:

a) **Racionalização:** são desculpas socialmente aceitáveis que o consumidor dá aos outros e principalmente a si mesmo por uma compra motivada pelo id. Exemplos:

- Quando sente que o produto é supérfluo, um perfume caro, justifica-se dizendo: "eu trabalho tanto que mereço me dar um presente". É a desculpa que a pessoa dá a si mesma por não admitir que comprou o produto porque o desejava.

- Quando sabe que engorda e diz: "vou comer estes doces somente hoje, amanhã entrarei na dieta".

- Quando transgride as leis morais e diz: "o dia foi tenso, preciso de uma bebida para relaxar".

- Consumir por sentir-se culpado por não consumir: "não tinha intenção de comprar este produto, mas é para ajudar o Lar de Crianças Carentes".

b) **Deslocamento:** é a escolha de algo alternativo para satisfazer a um desejo, já que o objeto do desejo direto pode ser comprometedor. Por exemplo, a vendedora está mostrando uma blusa para a jovem que está na loja quando entra um jovem que a moça olha. A moça começa a acariciar a blusa que a vendedora estava mostrando, enquanto seu desejo era acariciar o jovem, mas como socialmente é comprometedor ela acaricia a blusa. O desejo de acariciar foi mantido, deslocou-se apenas o objeto – do rapaz para a roupa. Ou quando não se tem dinheiro para comprar a marca e compra-se o produto falsificado.

c) Identificação: é a incorporação de características de outra pessoa ou grupos de destaque. Por exemplo, cortar o cabelo igual ao da pessoa apreciada (de destaque). Vestir-se conforme o grupo (que é valorizado pela pessoa).

d) Projeção: atribuição de desejos a outra pessoa, como se fosse a outra que estivesse desejando, não ela. Exemplo: a pessoa não sabe que roupa deseja comprar e culpa a vendedora de não entender o que ela quer.

VENCENDO DESAFIOS

Com a leitura e compreensão deste tópico, você será capaz de utilizar os elementos da Psicanálise para fazer um apelo de consumo e utilizar estratégias para reduzir o sentimento de culpa do consumidor.

Imagine que uma perfumaria de produtos importados (para cabelos, pele, mãos, pés, perfumes, maquiagens e demais produtos de perfumaria) e caros será aberta em breve. Os donos já contrataram seis vendedoras, duas operadoras de caixa, uma esteticista para orientar os clientes sobre os produtos adequados a eles e contratou você para fazer a divulgação da nova perfumaria.

a) Fazer a divulgação (banner, panfletos, internet) utilizando o tríplice apelo, descrevendo qual apelo será usado em cada instância psíquica (id, superego e ego).

b) O consumo de produtos supérfluos gera culpa. Que mecanismos de defesa você provocaria para reduzir a culpa e levar o consumidor a adquirir o produto?

2.3 A motivação no consumo

São várias as definições dadas à motivação, porém todas consideram que existem motivos que desencadeiam ações (ou comportamentos), e, no comportamento do consumidor, existem motivos que desencadeiam o comportamento de consumo. Daí a importância de estudá-los.

> Entende-se a motivação como a situação ou contexto que envolve os motivos (as necessidades) e as ações (os comportamentos dirigidos), ou seja, os "motivos" são os responsáveis pelos impulsos à "ação"... A ação dirige-se para objetivos que satisfazem os motivos. Quando o assunto é motivação, tudo o que é realizado tem um motivo por detrás, que pode ser consciente ou inconsciente. Nesse caso específico, pode-se imaginar que um determinado cliente tenha seus motivos

Capítulo 2 • Fatores intrínsecos que influenciam o comportamento do consumidor

para procurar um tipo específico de serviço, elogiar ou criticar certo tipo de atendimento, assim como um profissional tem motivos para trabalhar em determinado lugar. (Brasil, 2004, p. 2.)

Duas grandes contribuições sobre a motivação no consumo são as teorias de Abraham Maslow e de Ernest Dichter. O primeiro aborda a tradicional teoria da motivação, que se encaixa em qualquer contexto: pessoal, organizacional e de consumo, enquanto o segundo aborda a motivação direcionada especificamente ao consumo e com base na Psicanálise.

2.3.1 A teoria de Abraham Maslow

DESAFIO
É possível concentrar em uma única propaganda o apelo para todas as necessidades humanas apontadas por Abraham Maslow?

Uma das principais teorias de motivação é a do norte-americano Abraham Maslow, que percebeu que os seres humanos têm várias necessidades, e estas aparecem organizadas em prioridades e hierarquia. Para melhor compreensão das necessidades, Maslow idealizou uma pirâmide, que as apresenta na sequência por ele estabelecida, apontando da base para o topo a importância de cada necessidade, conforme a representação a seguir:

Figura 2.4 Hierarquia das necessidades humanas de A. Maslow.
Fonte: Adaptado de Robbins, Stephen P. *Comportamento organizacional*. 9. ed. São Paulo: Prentice Hall, 2002, p. 152

A teoria de Maslow obedece às seguintes regras:

- As necessidades são hierarquizadas porque são várias e têm diferente importância para a pessoa.
- Quando qualquer uma das necessidades não estiver satisfeita, ela dominará a direção do comportamento, e, no caso do consumo, o consumidor procurará pelo produto que possa satisfazê-la.
- Ao satisfazê-la, seu lugar será tomado por outra necessidade.
- As necessidades são satisfeitas por curto espaço de tempo.
- A necessidade satisfeita não é mais fonte motivadora para comportamentos; ela deixa de existir por algum tempo.
- As necessidades criam desejos.

Maslow é importante para o profissional de marketing porque antecipa e minimiza a caminhada em busca da satisfação das necessidades ao oferecer produtos para elas.

As necessidades são definidas como:

a) Necessidades fisiológicas

Na base da pirâmide encontram-se as necessidades fisiológicas: comer, beber, dormir, exercitar-se, descansar e outras ligadas à sobrevivência.

Segundo Gade (1998, p. 89), somente com estas necessidades satisfeitas nos é possível perceber outros estímulos, preocupar-nos com assuntos secundários e supérfluos.

Acrescenta-se que o papel do profissional de marketing é transformar as necessidades em desejos para que os consumidores passem a comprar seus produtos e sua marca.

Os produtos que atendem a estas necessidades são alimentos, bebidas, remédios, assistência médica, entre outros. Apelos como: "Mate sua sede com...", "Só o remédio Y tira realmente a dor." são voltados para as necessidades fisiológicas.

b) Necessidade de segurança

É a busca de proteção contra a privação e a ameaça, seja ela real ou imaginária. Atendem a esta necessidade equipamentos de segurança, contas de poupança, apólices de seguro etc. A saúde, além de atender às necessidades fisiológicas, é também uma necessidade de segurança: planos médicos, acesso aos exames laboratoriais, aos remé-

Capítulo 2 ♦ Fatores intrínsecos que influenciam o comportamento do consumidor

dios são exemplos que atendem à necessidade de segurança. Apelos como: "Seguro Y, total proteção para sua família." ou "Ligas YW, a proteção para seu carro." são voltados para esta necessidade.

c) Necessidades sociais

É a necessidade de participação, associação, de amizade, afeto e amor, de ser aceito e querido nos vários grupos em que se atua. Envolve as relações entre amigos, colegas, chefe-subordinado. Atendem a esta necessidade produtos como bares, clubes e outros lugares em que o consumidor possa fazer amizades, "paquerar", relacionar-se com pessoas. Os anunciantes de bebidas, escolas, cursos, produtos de higiene e beleza direcionam seus produtos para esta necessidade.

Segundo Gade (1998, p. 90), este nível de necessidade inclui também a necessidade de afeição erótica e sexual. Roupas e produtos que deixam a pessoa atraente fazem parte desta necessidade.

d) Necessidade de status/estima

É a necessidade de ser querido, reconhecido, valorizado, considerado, de ter aprovação social e prestígio. São as chamadas necessidades do ego. Os produtos que atendem a esta necessidade são: residências em bairro de prestígio, cartões de crédito, roupas de marca, perfumes e cosméticos que dão status, bebidas como vinhos e outros destilados etc.

e) Necessidade de autorrealização

Envolve a realização de todo o potencial de uma pessoa e a leva a se autodesenvolver. É a procura de crescimento pessoal. Os produtos que atendam a esta necessidade são: educação, cultura, viagens, *hobbies*, entre outros.

VENCENDO DESAFIOS

Com a leitura e compreensão deste tópico, você será capaz de utilizar a teoria de Maslow como apelo para determinado produto.

Imagine que uma nova academia de ginástica vai ser aberta num elegante bairro. Os donos o(a) contrataram para fazer a propaganda e você vai fazê-la utilizando a pirâmide de Maslow, englobando todas as necessidades por ele estabelecidas. Descreva em cada degrau da pirâmide quais apelos você utilizaria.

2.3.2 A teoria de Ernest Dichter

O vienense Ernest Dichter (1907-1991) desenvolveu sua teoria estudando especificamente os motivos que levam as pessoas a consumirem. Sua pesquisa, baseada na Psicanálise, buscava interpretar as situações de compras e escolha de produtos motivados pelo inconsciente. Dichter pesquisou símbolos inconscientes (representação de uma ideia ou algo por um objeto ou signo que o substitua) ligados à categoria de produtos específicos. Por exemplo[1], o isqueiro: nível consciente = acender cigarro; nível subconsciente = dominar o fogo; e nível inconsciente = união sexual (quer acender o meu fogo?). Para Dichter, o valor está no símbolo, no que o produto representa para o consumidor. Sua grande contribuição está não somente em apontar os motivos inconscientes, mas também a possibilidade de apelos para os símbolos mais frequentes.

Suas técnicas, baseadas principalmente em associações e técnicas projetivas, visavam levantar os mecanismos de defesa dos consumidores.

> Em se tratando de métodos, Dichter desenvolveu uma técnica chamada estudo motivacional, que consiste em entrevistar, em profundidade, algumas dezenas de compradores potenciais, a fim de elucidar as motivações profundas que os fazem cogitar a compra de um produto. Diversas técnicas projetivas ou criativas podem ser utilizadas para reproduzir os mecanismos de defesa dos indivíduos, entre os quais a discussão de grupo (focus group), a associação de palavras, as frases para completar, as histórias para contar, os retratos chineses (se fosse uma flor, que flor seria?), a interpretação de imagens (com ou sem os "balões" de diálogos para preencher) e o jogo das funções. Todos esses instrumentos ocupam uma posição de escolhas dentro da pesquisa comercial de nossos dias. (Karsaklian, 2000, p. 17.)

---

1. Fonte: http://www.ngd.ufsc.br/files/2012/04/7_teoria_psicanalitica.pdf. Acesso em: 4 out. 2015.

Capítulo 2 ◆ Fatores intrínsecos que influenciam o comportamento do consumidor

Os motivos levantados por Dichter são:

a) **Domínio do ambiente:** controlar o ambiente. Consumo de produtos associados ao domínio. Exemplo: tecnologias (poder de controlar a casa mesmo estando fora dela). Produto: câmeras com filmagem da casa durante a ausência dos donos, que podem ser visualizadas em tempo real pela internet.

b) **Status:** necessidade de ser valorizado, ter destaque social, sentir-se superior. Consumo de coisas que representam status, como carros luxuosos, roupas de grife, joias. Como símbolo de status e poder, os tapetes e os carpetes.

> O carpete garante o vínculo entre os objetos da casa. Ele harmoniza o todo, dando continuidade e calor. Quanto mais espesso, mais ele se torna um símbolo de riqueza. Isolando o ser humano do chão, ele dá-lhe um sentimento de superioridade e de proteção. Seu caráter não obrigatório atribui-lhe uma conotação de produto de luxo e de status. (Dubois, 1994, p. 31, apud Karsaklian, 2000, p. 29.)

c) **Masculinidade:** associada ao papel social atribuído ao homem, como o desempenho, a agressividade, a potência, a força. Consumo de produtos como carros potentes, boliche, armas.

d) **Feminilidade:** associada ao papel social atribuído à mulher, como a feminilidade, a ternura, o envolvimento, a solidariedade. Consumo de produtos para casa, decoração, maquiagem.

e) **Sexualidade:** associada ao erotismo. Consumo de roupas provocantes. Apontados por vários autores, as balas para chupar; as luvas para despir. Alimentos podem ter símbolos de potência sexual.

> Os aspargos têm um lado fálico. Muitas vezes, são lhes atribuídas características de potência sexual. A forma de consumi-los é também reveladora de comportamentos. Em muitos países, eles são pegos com a mão e imersos em um molho branco antes de serem levados à boca. (Dubois, 1994, p. 31, apud Karsaklian, 2000, p. 29.)

f) **Pureza, moralidade:** consumo voltado aos valores morais, como: roupas discretas, produtos religiosos, produtos de limpeza.

g) **Misticismo, mágico:** baseado em crenças, mistérios, magia e religião. Consumo de produtos religiosos, talismãs, cristais, incensos, ervas.

h) **Segurança:** necessidade de sentir-se seguro física e psicologicamente. Consumo de comida caseira, grades de proteção, seguro de vida, aposentadoria privada.

i) **Recompensa pessoal:** comprar presentes para si mesmo. Consumo de "mimos", perfumes, doces, bebidas.
j) **Individualidade:** afirmação do eu, necessidade de reforçar a identidade. Consumo de livros, perfumes, comidas, acessórios para roupas, que refletem gostos específicos do consumidor.
k) **Aceitação social:** necessidade de ser aceito pelo grupo social. Bares, beber e viajar com os amigos, cosméticos.
l) **Amor e afeição:** necessidade de ser amado, medo de perder o amor. Consumo de presentes, alianças. Na atualidade, os brinquedos dados fora de época às crianças minimizam o sentimento de culpa dos pais que trabalham fora e deixam a criança com avós, babás ou creches.
m) **Conexão com o mundo:** compreender o mundo na atualidade. Medo da escuridão, alienação. Consumo de jornais, revistas, livros, cursos.

A lista de Dichter aponta inúmeros desejos inconscientes escondidos em cada motivação de consumo.

2.4 A aprendizagem no consumo

DESAFIO
Ensinar os consumidores a adquirirem um novo produto e/ou uma nova marca.

O consumidor aprende a consumir pela experiência ou pelo modelo.

a) **Aprendizagem pela experiência:** desde pequeno, sua mãe o ensinou a tomar banho com sabonete, enxugar-se com a toalha e a escovar os dentes com creme dental, e pela repetição diária tais produtos passaram a fazer parte de sua vida.
b) **Aprendizagem pelo modelo:** um homem viu uma propaganda com uma cena que apresentava um casal à mesa, em que a esposa colocava carinhosamente no prato do marido carne, batata e legumes, vendidos congelados numa mesma embalagem, e este o degusta com prazer. Em seguida, a esposa o beija com carinho e sai. Imagine que um homem resolva experimentar o tal conjunto congelado por tê-lo associado como gratificante, e o marido, tão parecido com ele, havia gostado do produto. Ele experimenta e também gosta. Passa a consumir tal congelado.

Capítulo 2 • Fatores intrínsecos que influenciam o comportamento do consumidor

As duas experiências estão baseadas nas teorias associativas de aprendizagem, que compreendem o condicionamento clássico e o condicionamento operante.

a) Condicionamento clássico (I. Pavlov): refere-se à apresentação de dois estímulos ao mesmo tempo, sendo que um já desencadeia um tipo específico de comportamento que pela repetição simultânea com o outro o levará ao mesmo comportamento. Exemplo: contratar uma atriz, que pelo seu papel na novela tem a simpatia do público. Ao aparecer repetidas vezes com um produto nas mãos, espera-se que a simpatia pela atriz passe para o produto. Associa-se um ator a uma marca pela repetição e pelo aparecimento contínuo.

O aprendizado associativo implica fazer associações entre dois estímulos. As novas associações são feitas com base nas necessidades. As necessidades são vistas como:

- Instintivas: comer, beber, dormir etc.

- Aprendidas: comer carne, batata e legumes de determinada marca, por exemplo.

Na teoria associativa, os dois (fome mais o conjunto carne, batata e legumes) são apresentados juntos. Contiguidade (proximidade) e frequência garantem o consumo. Ao parear uma necessidade instintiva a uma neutra, consegue-se criar necessidades muito distantes das necessidades instintivas.

Com relação à contiguidade temporal, é considerada por alguns profissionais quando decidem usar outdoors no ônibus para suas propagandas.

Alguns autores apontam que um estímulo ligado a um comportamento mais recente, por exemplo a visão de outdoors com cartazes em rua, ônibus, metrô e trens, poderiam influenciar o comportamento. Ao entrar num estabelecimento comercial o consumidor, ao deparar com o produto visto em tais cartazes, a probabilidade de adquiri-lo aumentaria, pois os cartazes já o estimularam recentemente.

Outra técnica do aprendizado por associação é associar paisagens, esportes, música, datas especiais à marca e ao produto. Estes estímulos seriam o fundo e o produto ou a marca, a figura.

b) **Condicionamento operante (B. F. Skinner):** neste tipo de condicionamento, o comportamento é controlado por suas consequências, que podem ser: reforço positivo, punição e reforço negativo.

- **Reforço positivo:** é a aplicação de um estímulo, percebido como agradável, que aumenta a probabilidade de um comportamento (de compra) voltar a ocorrer. O estímulo pode ser: brindes que vêm com o produto, cupons adquiridos na compra do produto que concorrem a prêmios, a faquinha que vem no bolo, o brinquedo que vem na caixa de cereal, coleções de *cards* que vêm em caixas de produtos, entre outros. O consumidor repete a compra para obtê-los.

- **Punição:** aplicação de um estímulo aversivo com a intenção de reduzir um comportamento (de compra). Por exemplo: as imagens de doenças ou crianças que nascem com problemas decorrentes do fumo, em embalagens de cigarros.

Quando o produto pode ser visto negativamente, cabe ao profissional de marketing criar estratégias para mudar esta visão. Um exemplo são os energéticos, associados à imagem de causar problemas de saúde, principalmente cardíacos. Várias ações, como as propagandas em jogos de futebol, Copa do Mundo, jogos olímpicos, foram criadas para colocá-los em uma nova visão.

- **Reforço negativo:** é a retirada de algo indesejável: a pessoa compra para evitar algo indesejável ou uma desgraça. Exemplos: propaganda de seguros (para evitar ficar sem recursos financeiros pela possibilidade de acidentes), creme dental e desodorantes (para evitar que odores ruins afastem as pessoas) etc.

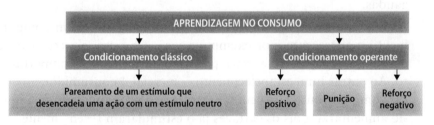

Figura 2.5 Aprendizagem no consumo.

Capítulo 2 ♦ Fatores intrínsecos que influenciam o comportamento do consumidor

VENCENDO DESAFIOS

Com a leitura e compreensão deste tópico, você será capaz de ensinar os consumidores a adquirirem um novo produto.
Uma nova empresa está lançando um chocolate, segundo ela, com rico valor nutricional. Como a marca não é conhecida, a empresa contratou sua agência de marketing para fazer a propaganda e a divulgação da marca em supermercados, principalmente para o público infantil. Use da teoria da aprendizagem, o reforço positivo, para fazer a propaganda e a divulgação do produto.

2.5 Atitudes no consumo

A maioria dos estudiosos considera as atitudes como uma predisposição interna para avaliar algo, de maneira favorável ou não. As atitudes são consideradas uma das variáveis que pode decidir o comportamento de consumo.

As atitudes são formadas por três componentes: cognitivo, afetivo e intencional.

a) **Componente cognitivo**: é aquele que comporta experiências passadas, informações, conhecimentos e percepções sobre o desempenho, que vão formar um conjunto de crenças que levará a pessoa a perceber e avaliar algo/produto como bom ou ruim, posicionando-a diante desse algo/produto. Tal avaliação será armazenada na memória. Por exemplo, por utilizar sabão em pó (experiência), obter várias informações sobre o produto, conhecer vizinhas e parentes que usam a mesma marca, uma dona de casa forma um conceito positivo do sabão em pó daquela marca.

b) **Componente afetivo**: refere-se ao sentimento relacionado a algo/produto que desencadeia o gostar ou não gostar deste "algo/produto", ser a favor ou contra. O componente afetivo é motivacional.

c) **Componente intencional**: pode ser entendido como uma provável predisposição para a ação/compra. Se o consumidor adquiriu informações sobre "energético" e formou uma percepção negativa, provavelmente não o consumirá, mas se formou uma percepção positiva terá tendência a consumir o produto.

A intenção não garante a ação/compra do produto. A pessoa pode concordar que o produto e/ou a marca seja de boa qualidade, mas não comprar o produto. Assim, atitude é diferente de comportamento; a atitude é voltada à intenção (de compra) e o comportamento, à ação (comprar o produto).

É fundamental que se entenda a atitude como algo totalmente diverso do comportamento, sendo que, na prática do uso cotidiano da língua portuguesa falada no Brasil, frequentemente os termos "comportamento" e "atitude" são utilizados como similares, e aqui vamos entender a atitude como uma predisposição à ação, em linguagem mercadológica na intenção de compra, diferente do comportamento, que seria a tradução desta intenção em ação, em compra. (Gade, 1998, p. 125.)

Figura 2.6 Componentes da atitude.

Podem ocorrer distorções cognitivas quando as crenças e opiniões não comportam o componente afetivo. O consumidor pode conhecer determinado produto, mas não gostar nem desgostar dele. Neste caso, não se tem uma atitude, pois para tê-la são necessários os três componentes: cognitivo, afetivo e intencional. Daí a importância do profissional de marketing estudar as atitudes do consumidor para buscar alternativas para o componente que não fecha o conjunto (cognitivo, afetivo e intencional) que impedirá a compra.

Os pesos e valores dados a cada componente podem variar; cada componente pode ter um valor ou valores positivos ou negativos. O consumidor pode conhecer o produto, mas não gostar dele. Pode gostar de um produto, mas ter pouco conhecimento sobre ele. Pode ter ou não intenção sobre ele.

CAPÍTULO 3

Fatores extrínsecos que influenciam o comportamento do consumidor

Os fatores extrínsecos são fatores externos que atuam no comportamento do consumidor e ajudam a identificar segmentos, para que o profissional de marketing possa estudar, elaborar e desenvolver produtos e estratégias para cada segmento. Por exemplo, os produtos e as estratégias para casais recém-casados são diferentes dos oferecidos aos casais que têm filhos adolescentes.

Este capítulo discute e analisa os fatores demográficos, sociais e culturais que influenciam o comportamento do consumidor e oferece ao profissional de marketing relevantes dados que permitem a adequação dos seus produtos conforme a combinação dos fatores externos.

3.1 Fatores demográficos

São fatores estudados pela ciência geográfica e estão relacionados à dinâmica humana. Em marketing, os principais fatores demográficos que influenciam o comportamento do consumidor são: o gênero, a idade e o ciclo de vida da família.

3.1.1 Gênero

Segundo Jesus (2012, p. 13), "gênero refere-se à classificação pessoal e social das pessoas como homens e mulheres. Orienta papéis e expressões de gênero. Independente do sexo". Em outras palavras, é a manifestação do masculino e do feminino em qualquer ambiente social, o que inclui os heterossexuais, os homossexuais, as travestis e as pessoas transexuais.

Não importa se a pessoa é heterossexual ou não, mas sim os papéis masculinos e femininos com os quais se identificam e que devem ser considerados na literatura de marketing.

a) O homem e a mulher: o gênero influencia de maneira significativa o comportamento do consumidor. Um homem vai a uma loja, escolhe uma roupa, prova-a e no máximo pede para trocar o tamanho ou a cor. A mulher vai a uma loja, escolhe várias roupas, prova-as, volta à loja, escolhe várias outras tantas e quando muito fica com apenas uma delas. Os homens são mais objetivos e buscam pela praticidade, enquanto as mulheres são influenciadas pelos grupos a que pertencem e se preocupam mais com a aparência.

Merlo e Ceribeli (2014, p. 47) apontam a diferença de critérios na escolha de um supermercado: "Os homens tendem a atribuir maior importância ao aspecto conveniência, enquanto as mulheres valorizam mais o ambiente da loja, a qualidade do sortimento e a imagem".

A literatura de consumo geralmente aponta o homem como consumidor de produtos vinculados à masculinidade, reforçando a autoafirmação, a agressividade e o domínio, utilizados como apelos em propagandas, e a mulher consome produtos vinculados à feminilidade, ao visual, à aparência, como roupas, acessórios, maquiagens e outros produtos voltados a atrair o homem.

Porém, as grandes mudanças que a sociedade vem enfrentando com relação aos vários tipos de família e à reformulação dos tradicionais papéis de homem e mulher vêm influenciando o comportamento de consumo.

Se no passado era tarefa da mulher cuidar da casa e dos filhos e tarefa do homem trabalhar fora e sustentar a família, hoje muitos homens dividem tarefas domésticas, além do trabalho remunerado que têm fora do lar, e a mulher, além das tarefas domésticas, passa a trabalhar fora e com remuneração. Roupas sociais passam a fazer parte

Capítulo 3 • Fatores extrínsecos que influenciam o comportamento do consumidor

do dia a dia das mulheres, assim como escolher o que comprar para fazer no jantar passa a fazer parte da rotina do homem.

A tarefa do profissional de marketing no que diz respeito ao gênero é para que tipo de homem ou de mulher se adequa seu produto, tradicional (baseado nas características tradicionais masculinas e femininas) ou atual. Inicialmente, todo e qualquer produto serve para homens e mulheres. Porém, o que interessa é qual, homem ou mulher, consome mais.

b) Os homossexuais: com o avanço das conquistas dos homossexuais e a construção da identidade homossexual, as pesquisas mostram que produtos específicos para esse público (bares, restaurantes, lojas, viagens, entre outros) não são o que estes consumidores desejam. O que eles realmente querem é estar em qualquer lugar e serem atendidos normalmente, sem que vendedores mostrem constrangimento em atendê-los. Muitos reclamam da falta de treinamento de vendedores para atendê-los com naturalidade.

c) As travestis: são pessoas biologicamente do sexo masculino que se identificam com o sexo feminino.

Em geral, as travestis procuram moldar seus corpos no gênero feminino. Muitas usam hormônios e outras hormônios e silicone industrial líquido (prejudiciais à saúde) nos seios e nas coxas.

> Mesmo causando danos à saúde, o uso dessas substâncias era considerado, na maioria das vezes, uma condição *sine qua non* à experiência travesti. Isso porque, aliados aos jogos de voz, dos movimentos corporais, da retirada dos pelos, do uso da maquiagem e das vestimentas femininas, legitimam suas construções sociais e históricas como pertencentes ao gênero feminino. (Jesus, Scheres e Ferreira, 2012, p. 8.)

As travestis consomem produtos femininos que supostamente levem a um corpo feminino ideal e à identidade feminina. Em geral, sua condição econômica é baixa em decorrência da exclusão social que sofrem. Somente a educação delas e da sociedade em relação a elas pode libertá-las do corpo ideal, do preconceito e da submissão imposta, preservando-as do consumo midiático e dos danos causados à saúde.

Comportamento do consumidor • Vencendo desafios

d) **As pessoas transexuais:** são aquelas que não se identificam com o sexo biológico; se vestem e se comportam como pessoas do outro sexo. Produtos são vendidos de acordo com a identificação da pessoa. Se for com o sexo feminino, comprará roupas, calçados, maquiagens, acessórios e outros produtos direcionados à mulher. Se a identificação for com o sexo masculino, comprará roupas, calçados, acessórios e outros produtos direcionados ao homem. Essas pessoas sofrem muita discriminação por parte da sociedade, o que inclui vendedores, atendentes e outros profissionais ligados ao produto.

3.1.2 A idade, o estado civil e a posição no ciclo de vida

A idade também gera consumo específico. Por exemplo, brinquedos para as crianças, tecnologias (iPods, celulares, tablets) para adolescentes, remédios para pessoas idosas. O ciclo de vida é uma combinação da idade, do estado civil e da posição na família. Estes fatores relacionados vão gerar consumo diferente conforme o grupo, lembrando que o estudo do comportamento do consumidor se volta para a maioria das pessoas que possui um ou mais quesitos (idade, sexo, estado civil, entre outros).

DESAFIO

Você é um profissional de marketing e trabalha para a empresa "Suave Fragrância", que acaba de criar um novo sabonete em vapor, que, embora seja caro, além da higiene, previne algumas doenças na pele. A única restrição é que este sabonete não pode ser utilizado por crianças até 10 anos. A empresa solicitou que você escolhesse os ciclos de vida para colocar o produto no mercado. Você deverá justificar sua escolha.

O ciclo de vida está dividido em:

a) **Recém-casados:** casal casado recentemente, sem filhos. Se o casal ganhou ou se casou com moradia doada pela família ou quitada por eles, consumirá bens duráveis. Também consome passeios, viagens, almoços e jantares fora de casa e lazer. Porém, se o casal não tem moradia quitada ou está pagando o imóvel ou morando de aluguel, consumirá menos. Comprará bens duráveis, mas consumirá menos em passeios, lazer, restaurantes e viagens. Aqueles que pagam aluguel visam adquirir o imóvel próprio.

Capítulo 3 • Fatores extrínsecos que influenciam o comportamento do consumidor

b) Ninho zero: a palavra "ninho" refere-se, para a maioria dos autores, à presença de filhos. Ninho zero porque ainda está vazio, mas já tem criança pelo caminho, que é o período da gravidez. Neste momento, o casal ou a mulher (se mãe solteira) começa a ter um consumo específico voltado ao bebê que vai nascer, como enxoval, quarto para o bebê, decoração, produtos de higiene, carrinho, entre outros.

c) Ninho I: casais que têm filhos até 6 anos de idade, que vão consumir brinquedos, escolas de educação infantil, produtos alimentícios voltados para esta faixa etária, como leite em pó, iogurtes e papinhas; consultas médicas mais frequentes para acompanhar o desenvolvimento da criança; remédios, livros infantis, entre outros para este ciclo de vida.

d) Pai ou mãe solteiros I: são aqueles que não são casados ou são separados e têm filhos até 6 anos de idade. Aquele que fica com a responsabilidade de moradia e cuidado dos filhos pequenos consome bem menos que o Ninho I, já que conta com menos recurso financeiro. A maioria procura por bens e serviços que possam facilitar a vida doméstica, como creches e congelados, principalmente quando trabalham.

e) Ninho II: casal com filhos entre 6 e 12 anos. Consomem comida, escolas, cursos de idiomas, uniformes, balé, judô, gibis, livros, roupas, produtos de higiene. Consomem menos comidas saudáveis, refrigerantes (que com a corrente da alimentação saudável deverá reduzir nos próximos anos), videogames, entre outros para este ciclo de vida.

f) Pai ou mãe solteiros II: têm filhos de 6 a 12 anos, vão contar com menos recursos financeiros e consomem o essencial para a idade, como escola, uniforme, alimentação e higiene.

g) Ninho III: casais com filhos adolescentes. Consomem comida e lanches, cinema, roupas, hobbies, notebooks, celulares, tênis, artigos esportivos, academia de ginástica, revistas, entre outros produtos para a faixa etária.

h) Pai e mãe solteiros III: com filhos adolescentes. Com menos recursos, consomem menos produtos e produtos com qualidade inferior ao do Ninho III.

i) Jovem solteiro: de 18 a 25 anos, a maioria está ingressando no mercado de trabalho e estudando. Tem interesse na aparência pessoal. Tem menos tempo para atividades esportivas. Se mora com os pais, consome bens, como carro (gasolina, seguro, acessórios), produtos pessoais, como roupas, perfumes, acessórios, higiene, baladas, viagens e lazer. Se mora sozinho, seu consumo se volta também para os itens da casa. Uma característica que tem despontado nos últimos anos é a permanência dos filhos na casa dos pais por mais anos. Alguns autores consideram esta permanência em função da queda de controle rígido dos pais, e a possibilidade de consumir produtos como carro, viagens e cursos, por exemplo, é maior do que se saírem de casa e ter que arcar com as despesas de uma residência. Esta geração ficou conhecida como Geração Canguru.

j) **Ninho vazio I:** casais de meia-idade, entre 45 e 65 anos, cujos filhos saíram de casa. Buscam por facilidade, conveniência e se tiverem dinheiro gastam com viagens.

k) **Ninho vazio II:** casais de meia-idade, entre 45 e 65 anos, que não tiveram filhos. Na maioria das vezes os dois trabalham e possuem renda para viagem e lazer.

l) **Idosos:** de 65 a 80 anos?

Com relação ao envelhecimento, uma nova demografia começa a surgir e possivelmente a atuação de pessoas de 65 a quase 100 anos terá profundas transformações. Com a evolução da biotecnologia, as pessoas passaram a viver mais e o número de nascimentos diminuiu. Em todo o mundo, observa-se um crescimento progressivo do envelhecimento nas sociedades.

> [...] Os idosos, ou os integrantes da "melhor idade" representarão uma força política significativa.
>
> [...] As aposentadorias passarão a ser assunto da maior preocupação. A aposentadoria aos 50 anos, nem pensar. Lá por 2030 – e que não está muito longe – os benefícios sociais referentes à aposentadoria só poderão ser concedidos para as pessoas com 75 anos ou mais. Talvez mesmo a idade fixa para a aposentadoria venha a ser abolida para aqueles que se encontrem saudáveis, de modo a não gerar uma carga excessiva sobre a força jovem que se encontra no mercado de trabalho.
>
> [...] Uma indústria de maior crescimento será voltada para a educação continuada de adultos já educados.

Uma vida de trabalho de 50 anos – coisa inédita na história da humanidade – é simplesmente longa demais para que se exerça uma só espécie de trabalho. Uma segunda ou mesmo terceira profissão por certo exigirá novos conhecimentos formais. (Caravantes, 2009, p. 52.)

Além de cursos e mais de uma profissão, este grupo forma um verdadeiro nicho de mercado, que com certeza vai consumir muito mais produtos do que consome na atualidade. É aí que está a importância do profissional em marketing se antecipar aos tipos de produtos que este grupo desejará ou necessitará.

VENCENDO DESAFIOS
Com a leitura sobre o ciclo de vida, você será capaz de atender ao pedido da empresa "Suave Fragrância".

3.2 Estilos de vida ou segmentação psicográfica

A análise do estilo de vida, também conhecida como segmentação psicográfica, refere-se ao estudo de vida de uma pessoa envolvendo o trabalho, o lazer, o que a pessoa gosta de fazer, a classe social, a personalidade, suas crenças e atitudes que vão formar um padrão de ações e interesses. Por exemplo, o fato de um consumidor preferir morar no campo e não na cidade; outro que prefere a cidade e não o campo. Consumidores que dão valor ao status e outros que dão valor à educação.

O termo "psicografia", quando voltado à segmentação, refere-se ao estudo do comportamento do consumidor baseado em seu estilo de vida, seus valores e sua maneira de ser.

Do ponto de vista econômico, o estilo de vida de uma pessoa está associado à maneira como ela usa o seu dinheiro e, mais ainda, à quantia que ela direciona para as diferentes categorias de produtos.

Com base na segmentação psicográfica, os consumidores são divididos em diferentes grupos. Ressalta-se que os consumidores do mesmo grupo demográfico podem apresentar perfis psicográficos diferentes.

O estilo de vida tem sido outro foco importante para o profissional de marketing para identificar o público-alvo, fazer a segmentação de mercado, a comunicação e a promoção.

Figura 3.1 Estilos de vida segundo a ferramenta Value and Lyfe Style – VALS.

As ferramentas existentes para avaliar os estilos de vida tipificam as pessoas com o objetivo de analisar de que maneira elas usam seu tempo e seu dinheiro. A VALS (Value and Life Style), desenvolvida pelo Instituto de Pesquisa de Stanford em 1983 e substituída pela VALS2 em 1989, que passou a ser conhecida como VALS, já que a primeira passou a não existir mais, é uma das ferramentas mais usadas em marketing e define oito segmentos com base nos estilos de vida. São, resumidamente:

a) **Realizados (ou satisfeitos):** são indivíduos maduros, informados, que se interessam por notícias e leituras, têm bom nível de educação, não estão focados em imagem ou status, buscam por praticidade e durabilidade. Estão satisfeitos com suas carreiras.

b) **Realizadores:** são indivíduos bem-sucedidos; focados na carreira, na imagem e no prestígio, são avessos aos riscos. São direcionados pelo grupo social. Consomem produtos que dão imagem de prestígio. Apreciam marcas luxuosas e lugares sofisticados, que lhes deem imagem de prestígio e sucesso.

c) **Inovadores (ou efetivadores):** são indivíduos bem-sucedidos que abraçam a inovação e a mudança. Ocupam posições de liderança e são líderes de opinião. A imagem pessoal é importante para as pessoas deste segmento. Têm renda elevada e alta autoestima. Adotam as novas tecnologias que surgem. Têm bom gosto e como consumidores buscam a sofisticação.

d) **Experimentadores:** são jovens, bem ativos, entusiastas, que gostam de experimentar o novo. São influenciados pela moda e pelo modismo, apreciam propagandas, gastam com eventos sociais, comidas rápidas, roupas, filmes, músicas, esportes.

e) **Fazedores:** são motivados pelo fazer, que têm habilidades construtivas. São práticos e direcionados pela sua autossuficiência. Analisam a

Capítulo 3 • Fatores extrínsecos que influenciam o comportamento do consumidor

relação custo-benefício dos produtos. Compram produtos com bom preço e durabilidade. Não se preocupam com luxo. Consomem literatura que ensinam a fazer, por exemplo: como pescar, como construir a própria estante de livros, entre outros, e objetos que permitem a construção desejada.

f) **Crentes:** são conservadores e tradicionais, orientados por princípios morais. Acreditam fielmente em marcas, não são adeptos a produtos recém-lançados no mercado. Valorizam propagandas que mostram respeito, principalmente à família. Têm renda modesta e pouco estudo. São conservadores em suas decisões, preferem marcas que apreciam para não correr riscos na escolha. São os que mais assistem à televisão.

g) **Esforçados:** são parecidos com os realizadores, mas têm bem menos condições financeiras. São inseguros, ainda não se realizaram profissionalmente. Preocupados com a opinião dos outros, lutam para melhorar de vida. São impulsivos e preferem a televisão à leitura. Consomem principalmente roupas e produtos de higiene.

h) **Sobreviventes (ou batalhadores):** são indivíduos mais velhos, preocupados com a saúde, com pouco estudo, recursos financeiros e habilidades, preocupados com as necessidades de sobrevivência. Consumo direcionado às necessidades básicas.

3.3 Fatores sociogrupais

Não há dúvida de que o consumidor aprende com os grupos a consumir, pois os componentes do grupo compartilham o mesmo momento, status, ideologia, crenças, valores e consumo.

3.3.1 Classificação dos grupos

Os grupos podem ser classificados em primários e secundários.

a) **Grupos primários:** são aqueles em que o relacionamento com seus membros é próximo e duradouro. Envolve a família e os amigos íntimos. São fortes na propaganda "boca a boca", ou seja, quando um consumidor passa para outro informações positivas ou negativas sobre um produto, influenciando significativamente o outro.

b) **Grupos secundários**: não são íntimos e o contato é mais limitado, mas são ligados à autoestima do consumidor. São eles: grupos de trabalho, igreja, esportes, acadêmicos, entre outros. Funcionam como grupos de referência para aquisição de produtos ou marcas.

3.3.2 A família no consumo

A tradicional família é dividida em: nuclear – composta de pais (marido e esposa) e filhos, e a família mais ampla – composta de tios, primos, avós.

Na atualidade, outras formatações de família nuclear são evidentes: casais masculinos com filhos e casais femininos com filhos. Alguns autores apontam também a família unicelular, composta de um homem ou mulher que vive sozinho, que se diferencia do jovem solteiro ou separado sem filhos no ciclo de vida, que forma um novo nicho de mercado.

> Um segmento que vem ganhando destaque nas grandes cidades é o composto por homens e mulheres que moram sozinhos, os chamados singles (ou sós).
>
> [...] Embora se possa parecer com o tipo classificado como jovens solteiros ou jovens separados sem filhos do ciclo de vida da família, o estilo single de viver não se confunde com ele; é um nicho ainda mais específico e não se limita a idade. Poderíamos enquadrar os singles na família unicelular.

Capítulo 3 ◆ Fatores extrínsecos que influenciam o comportamento do consumidor

> [...] Pessoas com bom poder aquisitivo, com forte senso de independência, geralmente sem filhos e que trabalham muito, dispondo de pouco tempo para os serviços domésticos, os sós têm sido alvo de diversos produtos e serviços, como: pratos prontos congelados, vinhos em garrafas menores, empresas prestadoras de serviços para o lar, pacotes turísticos para solteiros e apartamentos tipo flats, com serviços de manobrista, limpeza, lavanderia e academia.
>
> Com salários maiores, sem filhos e sem precisar do casamento para cobrir os seus gastos, os sós podem se casar com o trabalho e ter sonhos de consumo ambiciosos. (Samara e Morsh, 2005, p. 85.)

É na família nuclear, independentemente da formatação, que o consumidor será iniciado no consumo. A criança, mesmo antes de dizer a primeira palavra, em um supermercado, apontará os produtos reconhecidos por serem utilizados em sua casa, como iogurtes, fraldas, lenços umedecidos, entre outros. Vai aprender os hábitos da família, como tomar banho com sabonete, lavar a cabeça com xampu e condicionador, usar a toalha para se enxugar, aprenderá a escovar os dentes com escova e creme dental, sentar-se à mesa composta com toalha, pratos, talheres, guardanapo e comida, conforme a cultura da família. Trocar de roupa para brincar, sair e dormir. Assistir à televisão, ver desenhos em dispositivos móveis, brincar com brinquedos, sair de carro ou de transporte público.

3.3.3 Os papéis sociais

A família também inicia a distribuição de papéis sociais, os quais se referem à posição que uma pessoa ocupa na sociedade, que determina seus comportamentos perante o papel assumido num determinado momento. Por exemplo, Maria tem o papel da mãe (que demanda a compra de diversos produtos para ela, para os filhos e para a casa), de filha (compra produtos para os pais, presentes em datas especiais como dia das mães, dos pais, natal, aniversário), é professora (compra livros, pastas, notebook, roupas), é aluna, faz pós-graduação (compra cadernos, apostilas, curso na faculdade), entre outros papéis que possa ter.

Nestes últimos anos, os papéis de homens e mulheres mudaram muito. Produtos que no passado eram exclusivamente para mulheres passaram a ser consumidos também por homens. Um bom exemplo são os cremes para a pele e cremes de rejuvenescimento que atraíram a população masculina também. Da mesma maneira, os papéis de marido e esposa. O marido não é mais o único responsável pelo sustento da casa e passa a dividir com a esposa as tarefas domésticas. A esposa, por sua vez, não é mais a "rainha" do lar, enfrenta o mercado de trabalho e divide as tarefas domésticas. Ambos passam a ter maior preocupação com a aparência e ascensão social, o que demanda o consumo de vários produtos.

Os papéis podem ser atribuídos, como idade, sexo e nacionalidade, ou conquistados (adquiridos), como estado civil, maternidade, profissão, estilo de vida.

Na família nuclear, o consumidor experimenta seus primeiros papéis: de filho(a), irmão(ã), neto(a), primo(a), sobrinho(a) e criança.

Vários papéis podem gerar conflitos numa pessoa, e pode ser um momento para a criação de uma estratégia de marketing para lidar com o conflito. Um exemplo comum é o da mãe que trabalha fora; o conflito entre o papel de mãe e profissional. Apelos como "Dê o melhor para seu filho..." "Se o mais importante é seu filho..." têm trazido grandes resultados para as empresas que oferecem seus produtos para crianças e adolescentes, principalmente as primeiras.

A família mais ampla também é geradora de consumo. Avós presenteiam, compram cursos e outros produtos para seus netos; tias e outros familiares compram presentes em datas comemorativas. Mas, quando pequenos, os apelos vão para as crianças e, principalmente, para seus pais.

3.3.4 A criança no consumo

A criança tem destaque especial no comportamento do consumidor, pois ela é o consumidor de hoje e de amanhã. Muitas empresas promovem ações estratégicas para conseguir fidelizar o consumidor desde a infância.

Rapidamente a criança passa de consumidora passiva para ativa.

> Segundo Reisman, um exame dos padrões de consumo e do seu desenvolvimento, deve ser feito a partir de um estudo da iniciação da criança como consumidora pois é na infância e na adolescência que se estabelecem as expectativas a respeito de bens e serviços e serem usufruídos e possuídos no futuro, quando adultos.

> A criança começa a aprender o papel de consumidor por meio de uma participação inicialmente passiva, como quando, ao voltar da maternidade, é envolvida em fraldas descartáveis, passando a uma participação ativa muito cedo, assim que estende a mão e consegue manifestar um desejo de consumo que vai ou não ser satisfeito.

Para Reisman a criança é trainee de consumo. Quem é criança hoje é o consumidor de amanhã. (Gade, 1998, p. 186.)

Grandes marcas abrem suas portas para escolas com crianças do Ensino Fundamental I e II para que possam conhecê-las. Passarão um dia agradável rodeadas com o logotipo da empresa e levarão produtos para casa. Todo o contexto é associado à marca e espera-se que, quando adulta, a sensação agradável vivenciada nesta visita a leve a consumir o produto.

A faixa etária deve ser levada em consideração, e a diferença de um ano é significativa.

As crianças mais pequenas apreciam imagens, cores, efeitos especiais, cartoons, jingles, histórias familiares e músicas, enquanto as crianças em início da vida escolar preferem coisas em que possam participar, como colecionar, participar de concursos, escrever para ganhar prêmios, concorrer. É necessário muita e muita repetição.

As propagandas conquistam os pais pelos sentimentos "Seu filho merece o melhor" ou pelo lado educativo do produto.

3.3.5 O adolescente no consumo

Das características dos adolescentes, duas vão influenciar seu comportamento de consumo: a oposição aos padrões dos pais, inclusive ao padrão de consumo, e a forte influência dos grupos de referência.

Para vencer as frustrações características da idade, os adolescentes compram na primeira loja os produtos que venham a satisfazer a uma suposta necessidade. São produtos de que não precisam, que não usam, mas que naquele momento compensaram uma frustração.

A tarefa do profissional de marketing é identificar e segmentar os grupos ou "tribos" que influenciam os adolescentes para poder oferecer, adaptar ou criar produtos, lembrando que na atualidade a internet é o canal para se chegar aos adolescentes.

Ignorar a internet é correr o risco do produto ou da marca serem ignorados pelo adolescente, pior ainda se ele associar tal fato a um produto ou uma marca ultrapassados. A inclusão de propagandas nas redes sociais tem se apresentado como um meio eficaz de atingir os adolescentes.

Preocupados com o visual (*vide* o uso excessivo das selfies[1]), os adolescentes consomem tecnologias (celulares, tablets, notebooks), passeios, academias, escolas, roupas, calçados, acessórios, cabeleireiro, artigos da moda, entre outros produtos, conforme o grupo de referência.

3.3.6 O novo membro da família

O pet, ou animal de estimação, vem ganhando um novo papel no contexto familiar: a de novo membro da família.

Saindo da "casinha" fora da residência da família e deixando de comer "restos de comida", o pet não somente passa a viver dentro de casa como passa a ser considerado um membro da família.

Em 1999, a *socialite* Vera Loyola chamou a atenção da mídia e provocou verdadeiros rumores e indignação ao dar uma festa para a sua cadela Perepepê. Em 2003, doou a coleira da cadela, feita de ouro e brilhantes, para ser leiloada a uma campanha do Fome Zero. Hoje, tais fatos nem sequer chamariam a atenção do público, e Vera Loyola é chamada de percussora das festas para pets no Brasil. Empresas que oferecem festas para pets nos dias de hoje contam com cardápios especiais, decoração e organização de eventos. Até festa de casamentos pets deixam de ser novidade.

---

1. Palavra considerada internacional em 2013, "selfie" é uma fotografia que uma pessoa tira de si mesma (sozinha ou em grupo) com câmera digital, webcam e, principalmente, celular, para ser compartilhada na internet.

Capítulo 3 ♦ Fatores extrínsecos que influenciam o comportamento do consumidor

Os pets, em porcentagens maiores, são os cães e gatos, e menores, outros animais de estimação. Ganharam não somente festas, mas uma rede enorme de produtos, como comidas, petshops, hotel, creche, centro espírita, cemitério, velório, assistência médica, tapetes refrigerados, dentaduras, entre outros que qualquer membro da família humana pode possuir. Abriram um imenso mercado de produtos.

3.3.7 Grupos de referência

São grupos de pessoas nas quais o consumidor vai se espelhar, pois o que julgam, acreditam, preferem e a maneira como se comportam servem de orientação para o consumidor, que por alguma razão se identifica com eles. Influenciam nos produtos ou nas marcas que o consumidor deseja possuir.

Os grupos de referência podem ser positivos, ou seja, o grupo ao qual o consumidor gostaria de pertencer, ou negativo, que é o grupo ao qual o consumidor não gostaria de pertencer. Podem ser primários (amigos ou família reunida numa propaganda) ou secundários (colegas do futebol). Para o marketing, a influência maior desses grupos é a existência dos líderes de opinião, que têm força de persuasão sobre os consumidores, pois são pessoas que de alguma maneira demonstram conhecimento, sucesso e prestígio reconhecidos pelos consumidores.

3.3.8 Classes sociais

São grupos de pessoas que têm o mesmo status, influenciados principalmente pelo poder financeiro. Diferem quanto ao tipo de educação, comunicação, tonalidade de voz, discursos, crenças e valores.

As roupas e os acessórios que uma pessoa usa, o bairro onde mora, o tipo de residência e decoração da casa, o uso dos ambientes, as escolas que frequentou ou frequenta, o tipo de lazer e a profissão exercida são demonstrativos de classe social.

As classes sociais são importantes para o estudo do comportamento do consumidor e para os profissionais de marketing porque as pessoas que pertencem às mesmas classes sociais geralmente compram os mesmos produtos, nos mesmos pontos de vendas.

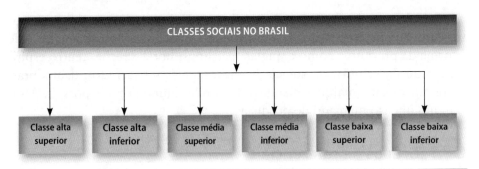

Figura 3.2 Classes sociais no Brasil.

No Brasil, as classes sociais[2] estão divididas em:

a) Classe alta superior: são classes formadas por famílias tradicionais, cujo poder financeiro é herdado. Procuram manter a reputação da família. São frequentadores dos melhores e mais fechados clubes. Buscam por produtos personalizados – feitos somente para aquela pessoa.

---

2. O leitor poderá encontrar outras divisões de classes sociais no Brasil. Neste livro usaremos as seis divisões descritas neste capítulo.

Capítulo 3 ◆ Fatores extrínsecos que influenciam o comportamento do consumidor

b) Classe alta inferior: tem mais dinheiro que a classe alta superior. É composta por altos executivos, líderes de empresas ou proprietários de negócios bem-sucedidos. A falta de tradição não deixa que eles ingressem na classe alta superior. Consomem produtos de luxo e tudo o que indica dinheiro e poder.

c) Classe média superior: composta por profissionais de bom nível superior, vêm de boas faculdades, que dão importância à escolaridade e à educação. São profissionais cuja renda vem de salários, lucros ou honorários profissionais. Buscam por sucesso profissional. Muitos são gestores. Procuram copiar a classe alta inferior. Procuram ter uma residência bonita, em bom bairro, com carro, e buscam um vestuário de qualidade.

d) Classe média inferior: formada por trabalhadores de área administrativa, nível de escolaridade de 2º grau ou faculdades que oferecem cursos a preços populares. Compara preços, oportunidades e se guiam pelas ofertas. Tem como referência a classe média superior.

e) Classe baixa superior: é a classe operária, que tem a classe média inferior como grupo de referência. Gasta o dinheiro na casa e em aparelhos eletrodomésticos.

f) Classe baixa inferior: pessoas que vivem de subempregos ou desempregadas. Possuem pouca ou nenhuma escolaridade. Compram produtos de qualidade inferior.

Observa-se que as classes sociais têm como referência uma classe acima da sua. Não são interesses do marketing as classes: alta superior – por ter um consumo específico e restrito – nem a classe baixa inferior, por não ter poder de compra.

3.4 Fatores culturais

Os fatores culturais estão relacionados a um conjunto de elementos que vão caracterizar uma cultura específica. Dentro dela, a cultura nacional refere-se ao mesmo conjunto assimilado pelas pessoas que vivem num mesmo território e falam o mesmo idioma.

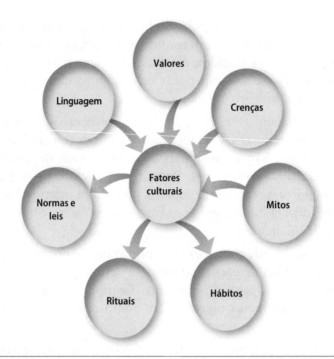

Figura 3.3 Fatores culturais.

O conjunto de elementos que caracterizam os fatores culturais são:

a) **Valores:** refere-se ao que o consumidor dá importância e torna-se referência, como o trabalho, os relacionamentos, a criatividade, a alegria.

Os valores auxiliam o profissional de marketing a identificar a influência da cultura sobre o consumidor, direcionando tipos de produtos e comunicação para este consumidor.

> Em sociedades que valorizam o sucesso profissional, criar anúncios publicitários vinculados as marcas comercializadas por uma organização a homens e mulheres que aparentam ser bem-sucedidos em suas carreiras pode ser uma maneira interessante de criar uma imagem favorável no mercado, aumentando a aceitação dos consumidores em relação a marca.
>
> Adicionalmente em sociedades que valorizam a longevidade, pode ser interessante associar a imagem da empresa a saúde e bem-estar patrocinando eventos esportivos ou campanhas de doação de sangue e vinculando as marcas comercializadas a jovens esportistas e, simultaneamente, a idosos que levam vidas mais ativas. (Merlo e Ceribeli, 2014, p. 22.)

Capítulo 3 ◆ Fatores extrínsecos que influenciam o comportamento do consumidor

b) **Crenças:** aquilo em que o consumidor acredita, sendo real ou não. Por exemplo, o sucesso é fruto de muito trabalho. Para ter sucesso e dinheiro, é preciso estudar.

c) **Mitos:** pessoas associadas a algo valorizado, como um casal de atores idosos, visto pelos consumidores com idoneidade, oferecendo um plano de saúde.

d) **Hábitos:** tomar banho com sabonete, lavar a cabeça com xampu e condicionador, fazer três refeições por dia – café da manhã, almoço e jantar – lavar a louça com detergente após o jantar, cobrir a cama com colcha, entre outros.

e) **Rituais:** comer com a família no domingo, ir à igreja, ir ao estádio de futebol para assistir a uma partida do time favorito.

f) **Normas e leis:** Constituição Federal, Código de Defesa do Consumidor, Código Civil, legislação trabalhista, leis de trânsito, entre outros, e quanto elas são cumpridas ou não, são determinadas pela cultura.

g) **Linguagem:** significados compartilhados pelos membros da cultura que auxiliarão o profissional de marketing a elaborar a comunicação do seu produto.

A cultura é aprendida e transmitida de geração a geração. Sua incorporação inicia-se na família, que é a responsável pela criação de hábitos, inclusive os de consumo. Recebe influências de outros grupos sociais, dos meios de comunicação de massa, da tecnologia, de instituições internas (governo, com suas leis) e externas (outros países) no que diz respeito ao consumo.

Este conjunto vai influenciar no consumo, gerar as correntes socioculturais, as tendências e os movimentos sociais.

3.4.1 Correntes sociais

Estão envolvidas com o desenvolvimento de novas ideias, valores e atitudes em relação a como a sociedade e as pessoas devem ser. Vão formando padrões de referência, como: ser gordo é feio, boa aparência é o cartão de visita para as pessoas que buscam uma colocação no mercado, trabalho doméstico é para pessoas sem estudo, entre outros.

3.4.2 Tendências e movimentos sociais

DESAFIO
Olhando o ontem e o hoje, você pode prever uma tendência para as próximas décadas. Qual seria esta tendência? Que produtos e serviços ela pode gerar?

As tendências mostram uma previsão do que pode acontecer, do que está por vir num futuro não tão distante. Trata-se da previsão de um direcionamento que influenciará uma cultura por longo período de tempo. As tendências vão se formando lentamente e influenciarão a cultura por um período de no mínimo dez anos. Um novo conceito pode levar 20 anos. Um bom exemplo é a questão ambiental. A primeira reunião entre governos e cientistas para discutir as mudanças climáticas ocorreu em 1988 e até os dias atuais há falta de consciência por parte da população. Há anos se discute a questão das sacolinhas plásticas. Há anos tenta-se conscientizar as pessoas a levarem uma sacola durável ao supermercado.

O estudo das tendências tem por objetivo antecipar o que está por vir para promover ou impedir mudanças que estão por acontecer dentro de determinada cultura. As tendências nascem a partir das correntes sociais, que vão sinalizando as mudanças numa determinada cultura. Para o profissional de marketing, estudar as tendências o ajudará a se antecipar na criação de um produto, serviço e no modo como a empresa deverá se portar diante de tal tendência.

Faith Popcorn, nova-iorquina, sócia de uma das empresas de tendências mais conceituadas do mundo, em decorrência das previsões acertadas que sua equipe tem feito durante várias décadas, tem sido referência com seus relatórios sobre tendências, conhecidos como "Relatório Popcorn". Por meio das previsões, as empresas podem se antecipar no que diz respeito à criação de novos produtos e serviços e no direcionamento de como as empresas devem se comportar no mercado.

Na atualidade, vivenciamos as exatas 16 tendências previstas por Popcorn na década de 1990. São elas:

a) Encasulamento: caracterizado pela busca de segurança, esta é a tendência de as pessoas ficarem dentro de casa, refúgio de um mundo violento, ameaçador e estressante. O crescimento do trabalho a dis-

Capítulo 3 • Fatores extrínsecos que influenciam o comportamento do consumidor

tância[3] e do teletrabalho[4] na modalidade *homework*[5] reforça mais ainda esta tendência. Proliferam comidas prontas, remédios, supermercado e outros serviços sendo comprados pela internet ou pelo telefone. Cresce o número de adesão à TV a cabo. Notebooks, tablets, celulares e outros dispositivos móveis são opções para entretenimento tanto em casa como num engarrafamento de trânsito.

b) Aventura da fantasia: escape físico e emocional do "casulo" e da rotina. Produtos e serviços ligados ao turismo, à gastronomia e à realidade virtual fazem parte desta tendência.

   Permite que as aventuras virtuais possam ser vivenciadas garantindo todo o prazer e nenhum dos desconfortos próprios destas aventuras. Viagens a lugares exóticos e experiências sexuais igualmente exóticas podem ser vivenciados através de vídeos eróticos e de forma interativa pela internet. Exemplos de produtos são os parques aquáticos, os safaris, a Disneylandia e o Beto Carrero World. (Gade, 1998, p. 210.)

c) Pequenas indulgências: referem-se às autogratificações, que no meio de frustrações e estresse faz que as pessoas se permitam desfrutar de algo que atenda às suas necessidades emocionais e ao seu bolso. Por exemplo, um pacote de 4 dias em Buenos Aires, um jantar em um restaurante aconchegante quando não se tem o hábito de jantar fora.

d) Egonomia: tendência para a personalização, individualização e diferenciação, ou seja, diferenciar-se e se destacar dos outros. É a busca do "feito sob medida", do personalizado. Por exemplo, carros em que os bancos se ajustam ao peso e ao tamanho do condutor.

   Em termos de marketing, isto abre espaço para o marketing de nichos que se dedica a pequenos segmentos com produtos muito especializados, e também para todos os produtos individualizados como jeans ou bicicletas, produzidos de acordo com as medidas do cliente. Exemplo de produto: Tintas Coral, que viabiliza uma mistura de cores para a obtenção da tonalidade desejada pelo consumidor. (Gade, 1998, p. 210.)

---

3. Execução do trabalho sem a presença física do trabalhador no local físico da empresa.
4. Trabalho a distância, fora do local tradicional de trabalho, com a utilização de tecnologia da informação e da comunicação, mais especificamente com computadores, telefonia fixa e móvel e toda a tecnologia que permite trabalhar em qualquer lugar e receber e transmitir informações, arquivos de textos, imagens ou som relacionado à atividade laboral [Sociedade Brasileira de Teletrabalho e Teleatividades (Sobratt)].
5. Trabalho realizado na casa do trabalhador.

Comportamento do consumidor • Vencendo desafios

e) **Sair fora:** tendência a uma mudança radical, em busca de um projeto pessoal. Sair da empresa e criar o próprio negócio (comprar cursos de gestão, empreendedorismo), sair da cidade para o interior (vender a casa da cidade e comprar uma no campo), da indústria para o comércio, de um estilo de vida agitado para um estilo mais calmo.

f) **Volta ao passado:** tendência de as pessoas desejarem ser eternamente jovens. Seria uma espécie de redefinição do envelhecimento. Busca por produtos contra o envelhecimento, cirurgias plásticas, tintura de cabelos, roupas joviais, capacitações, entre outras que permitem "aparentemente" voltar alguns anos atrás.

g) **Sobreviver:** uma vida melhor, com mais saúde e mais saudável (alimentação natural e saudável, exercícios físicos/academias, relaxar/passeios ao ar livre) gerou produtos e serviços, como: alimentação natural, caminhadas de rua (pagas para organizadores), academias de ginástica, entre outros.

h) **Consumidor vigilante:** o consumidor passou a ser mais criterioso na escolha de produtos e serviços, levando em conta a qualidade, a garantia e outros itens.

> Em termos de marketing, algumas empresas estão sabendo trabalhar de forma eficaz esta tendência, por exemplo, se antecipando e recolhendo fogões ou automóveis que saíram da fábrica com defeito e comunicando isto ao público, gerando assim uma imagem de maior confiabilidade. (Gade, 1998, p. 211.)

Ainda dentro desta tendência, os consumidores estão atentos à qualidade de atendimento ao cliente, deixando de adquirir produtos e serviços de empresas que não preparam seus colaboradores para o bom atendimento.

i) **99 vidas:** correria, muitos papéis a serem desempenhados, muitas atividades e muita tecnologia, o que impede que as pessoas consigam fazer tudo o que desejam, já que há um limite de tempo.

Os consumidores passam a buscar por produtos e serviços que economizem tempo, desde os "*deliveries*[6]" até a comodidade de comprar tudo num único lugar, como shopping centers e hipermercados.

---

6. Entregas feitas na casa do consumidor.

j) **SOS ou salve o social:** depois de muitos anos de discurso, passamos a ver várias ações em relação aos cuidados com a Ecologia. Percebe-se que o consumidor passou a se preocupar mais com o seu descarte, desde a seleção de lixo até a economia de água. Esta tendência englobou não somente a Ecologia, mas também a educação e a ética.

k) **A revanche ao prazer:** deixar de lado as privações, abandonar as dietas, o politicamente correto. Não se sabe o dia de amanhã, portanto vamos usufruir hoje.

i) **Feminina mente:** apesar do foco no cuidar, no compartilhar e na família, mulheres saem de grandes empresas e passam a gerir seus próprios negócios.

m) **A queda de ícones:** as pessoas perdem a fé em seus ícones, não confiam mais nas empresas, nos governos, nos casamentos, nas lojas, na própria família.

n) **Formação de clãs:** busca de grupos por afinidades de interesses, ideias, lazer. Ter orgulho de fazer parte de tal grupo.

o) **Ancoragem:** busca de espiritualidade, do eu interior, afastamento do materialismo. Livros espirituais, incensos, viagens para lugares como a Índia, por exemplo.

p) **Homencipação:** homens mais sensíveis e menos machistas. Participação nas atividades domésticas.

VENCENDO DESAFIOS
Agora que você já conhece algumas tendências, já pode imaginar que tendências vão surgir. Se estiver difícil, vários sites dão suas sugestões.

3.4.3 A moda

É um conjunto de gostos, opiniões, estilos e sentimentos coletivos. É a tendência de consumo, determinada por profissionais de marketing e líderes de opinião, que se expressa na atualidade. Fora de moda indica que já passou e estar na moda aponta um estilo atual apreciado por muitas pessoas. A moda tem caráter efêmero, se relaciona com a aparência e é voltada principalmente para as roupas.

A moda está incorporada no cotidiano das pessoas. Vem e volta, é cíclica. Por exemplo: calças legging, calça boca de sino.

3.4.4 Mudanças no conceito de um produto

Um produto pode ter mudanças em suas características ou funções com o objetivo de ter um novo significado e ampliar seus consumidores. Em geral, promovem mudanças nos hábitos, nas crenças e nos costumes dos consumidores.

Um exemplo clássico é o das sandálias Havaianas, que nasceu como chinelos Havaianas, que poderiam ser encontrados próximo aos materiais de limpeza. Um novo designer e artistas famosos em propagandas começaram a fazer a mudança do conceito, de chinelo para sandálias, que poderiam ser utilizadas em vários lugares; passaram até a ser "as lembrancinhas de festas de 15 anos e de casamentos" de vários consumidores. Passaram a ser inclusive sucesso internacional.

Um conceito que vem mudando e gerando novos produtos é o de cemitério, que, a exemplo de cemitérios da Europa e dos Estados Unidos, vem mudando de um lugar "triste e macabro" para um lugar de "cultura, arte e lazer". Visitas monitoradas em famosos cemitérios do Brasil que guardam verdadeiras obras de arte em esculturas, cinema no cemitério, apresentação de peças teatrais, espaço kids, serviços de bufê, urnas de cremação temáticas (ecológicas, de times, japonesas ou produzidas ao gosto da família do falecido), velórios on-line, em que é possível acompanhar a cerimônia em tempo real por meio de notebooks, tablets e celulares, com login e senha, e ainda enviar uma vela virtual, espaços mais atraentes para comer e descansar são algumas das muitas mudanças que estão acontecendo em vários cemitérios particulares do Brasil, gerando uma série de produtos. Por outro lado, profissionais especializados e treinados pelos cemitérios têm ajudado muitas famílias enlutadas a atravessarem este período por meio da reflexão sobre a vida e a morte.

O profissional de marketing deve alinhar seus produtos conforme os grupos, a cultura, as tendências e a moda, e ficar atento ou criar novos conceitos de produtos.

CAPÍTULO 4

Processo decisório

Entender o processo decisório auxilia o profissional de marketing a levantar estratégias que facilitem a decisão do consumidor.

4.1 Comportamento do consumidor × comportamento de consumo

Enquanto o comportamento do consumidor é conduzido por fatores internos e externos, que envolve a aquisição de produtos para a satisfação de necessidades e/ou desejos, o comportamento de consumo envolve a procura, a compra, o uso e a avaliação do produto para satisfazer a tais necessidades e/ou desejos, portanto o processo decisório envolve o comportamento de consumo.

4.2 Comportamentos de consumo

Podem-se encontrar consumidores que se comportam como impulsivos, compulsivos, reacionais. Veja a seguir.

4.2.1 Impulsivos

O consumidor vê o produto e imediatamente, sem pensar ou questionar, o compra. Geralmente os produtos adquiridos por impulso são desnecessários para a sobrevivência. Os motivos que levam à compra impulsiva são muitos, como: satisfazer desejos, sentir-se atraente (por adquirir uma roupa sensual e bonita), adquirir um produto para ser aceito no grupo ou demonstrar poder, entre outros.

Embora a compra por impulso não seja considerada um transtorno, o hábito pode causar sérios problemas às finanças e brigas familiares. O consumidor pode gastar mais do que possui com produtos supérfluos, ultrapassando os limites de cartões de crédito e cheque especial, endividando-se com empréstimos.

4.2.2 Compulsivos

O consumidor tem um desejo irresistível por comprar. Não avalia o que deseja ou precisa; o desejo é tão grande e persistente que pouco importa o produto.

A compra compulsiva é considerada um transtorno mental quando a pessoa não consegue controlar o impulso de comprar, trazendo prejuízos emocionais e financeiros para si e sua família. Está relacionada a outros distúrbios, como depressão, uso de álcool e drogas, ansiedade, transtorno obsessivo-compulsivo (TOC), autoestima muito baixa. O consumidor não consegue diferenciar o desejo da necessidade. Compra coisas das quais não precisa e que muitas vezes não sairá do armário. O hábito de comprar se transforma em vício e o consumidor perde o controle sobre suas compras.

As consequências são financeiras (endividamento), angústia, sentimento de culpa e brigas com familiares.

4.2.3 Racionais

Baseados no processo de decisão de compra, que, por ser um processo, envolve etapas. É importante para os profissionais de marketing compreender as etapas que vão oferecer uma visão geral do que acontece antes, durante e depois da compra, permitindo a elaboração de estratégias que facilitem a decisão do consumidor.

Ressalta-se que o processo de decisão de compras nunca é totalmente racional, pois com seres humanos é impossível deixar de lado os fatores emocionais (que podem estar ligados à autoestima, à autoimagem, à motivação, à percepção de risco, entre outros) e sociais (influenciados pelos grupos de referência). É com base nestes fatores que o envolvimento com a compra determinará se o processo de decisão de compra será extenso ou limitado. Se existir baixo grau de envolvimento, que gera um processo decisório rápido, eliminará algumas etapas do processo decisório. Por exemplo, o consumidor estar com muita dor e comprar na primeira farmácia que encontrar um analgésico. Por outro lado, quando o grau de envolvimento é maior e o produto apresenta uma relevância pessoal maior para o consumidor, a decisão será mais demorada, e todas as etapas do processo decisório serão cumpridas.

Existem vários modelos de etapas do processo decisório. O que se encontra com mais frequência é aquele em que o consumidor identifica uma necessidade, busca informações sobre os tipos de produtos e marcas que poderão atender à sua necessidade, levanta e avalia as alternativas, compra o produto e faz uma avaliação pós-venda, descrita posteriormente como pré-compra, compra e pós-compra.

DESAFIO

A geladeira de Ana Maria, depois de muitos anos de uso e alguns reparos, quebrou, e ela percebeu que já estava na hora de trocá-la por uma nova.
No dia seguinte, ao passar por uma loja de eletrodomésticos, Ana Maria comprou a nova geladeira. Quando o produto chegou, percebeu que não fez uma boa compra, pois vieram poucos acessórios, e pelo que viu na televisão havia lojas com preços e condições de pagamento melhores.
Ao término do capítulo, você será capaz de orientar Ana Maria e outras pessoas a comprar produtos conforme suas necessidades.

4.3 O processo de decisão de compra

As etapas do processo de compra são definidas como: pré-compra, compra e pós-compra

4.3.1 Pré-compra

É o momento que antecede a compra e envolve:

a) Identificação de uma necessidade

Nesta etapa, o consumidor sente uma necessidade resultante de um desconforto entre a situação presente e a desejada. Por exemplo: um estudante sempre teve um quarto só para ele, com sua cama, guarda-roupa, estante com livros e uma pequena escrivaninha (situação presente). Entrou na faculdade de Arquitetura e agora precisa de uma mesa apropriada para fazer seus projetos e desenhos, lugar adequado para guardá-los, uma iluminação melhor etc. (situação desejada). Seu desconforto foi interno, ninguém falou para ele que precisaria modificar seu quarto e adquirir novos móveis. A necessidade destes produtos pode ser genérica para o estudante, pois ele vai em busca de produtos que atendam à sua necessidade, independentemente de marcas.

Por outro lado, um consumidor tem um carro X. Está assistindo a uma propaganda na televisão sobre o novo modelo do carro X, lançado recentemente com novas funções. O consumidor pode se sentir desconfortável pelo simples fato de não ter o novo modelo, surgindo assim a necessidade de adquiri-lo. Seu desconforto veio de um estímulo externo, pois foi incentivado pela propaganda. A necessidade deste consumidor é seletiva, pois ele deseja aquela marca para atender à sua necessidade.

O consumidor, quando sentiu a necessidade do novo modelo "daquele carro", levou em consideração os diferenciais em relação a outras marcas, pois permaneceu na mesma marca. Os diferenciais são importantes porque podem fazer necessidades genéricas se tornarem seletivas.

O ideal é que as organizações promovam os diferenciais de seus produtos e serviços para que os consumidores possam desenvolver preferências por suas marcas. Com isso, em vez de reconhecerem uma necessidade genérica, os consumidores passariam a reconhecer uma

Capítulo 4 • Processo decisório

necessidade seletiva associada à marca de uma organização. (Merlo e Ceribeli, 2014, p. 85.)

São nos diferenciais que o profissional de marketing fará que seu produto ou sua marca possa ser selecionado pelo consumidor. Para tanto, deverá conhecer muito bem os diferenciais oferecidos pela concorrência.

b) Busca de informações

Detectada a necessidade, o consumidor buscará por informações sobre o produto. A princípio, buscará internamente, na memória. Pode-se recordar de uma compra de um produto similar de determinada marca, que foi positiva, ou de determinada propaganda ou recomendação, também positiva. A busca interna é focada na memória.

A busca externa refere-se a informações por meio de pessoas que já experimentaram o produto, anúncios de fabricantes, folhetos explicativos, sites de empresas, comparativos, de reclamações de clientes insatisfeitos com produtos de determinadas marcas, blogues, redes sociais e outros, para poder avaliar a qualidade, os atributos, a durabilidade, os preços e o próprio desejo de adquirir o produto.

Com relação à internet, vale ressaltar a importância das empresas colocarem informações sobre seus produtos em seus sites, blogues, páginas em redes sociais, e verificarem de maneira contínua se há reclamações ou comentários negativos sobre a empresa ou seus produtos e manifestar-se rapidamente para não criarem uma imagem negativa.

c) Levantamento e avaliação das alternativas

No levantamento das alternativas, o consumidor consegue informações suficientes (para ele) que permitem a comparação entre as marcas, os modelos, os atributos e os diferenciais existentes no mercado. Levantará as vantagens e desvantagens de cada opção que encontrou. Por exemplo, um consumidor resolveu comprar um carro de médio porte e levantou em sua busca de informações os itens: estabilidade e segurança, economia de combustível, menor custo de manutenção, aerodinâmica avançada, garantia, preço, reclamações na internet, poltronas confortáveis e porta-malas amplo. Levantou as vantagens e desvantagens de cada item em relação a cada marca, quais itens se destacavam mais. Comparando-as, chegará à decisão quanto à marca e ao modelo que comprará.

Imagine que este consumidor identificou, de acordo com os itens que estabeleceu para comprar o novo carro, sete marcas. Das sete, duas apresentavam muitas reclamações e ele as descartou. Já fez uso de um critério de avaliação das alternativas: as reclamações.

Nos critérios de avaliação das alternativas estão presentes os conhecimentos armazenados na memória, as informações coletadas, a motivação, as crenças e os valores do consumidor. Um exemplo de valor é quando o consumidor valoriza a segurança, a estabilidade e a garantia, descartará a marca "Y", que tem de melhor as poltronas confortáveis e o porta-malas amplo. Ou ter como valor a economia, escolherá a marca de menor custo de manutenção e economia de combustível. Nas crenças, o consumidor poderá dar um valor maior a determinada marca por acreditar que por bater recorde em vendas ela seja melhor.

Para o profissional de marketing é fundamental conhecer quais são os atributos mais importantes para seu consumidor potencial para melhor atendê-lo.

4.3.2 Compra

Ocorre quando o consumidor decide, após avaliar as alternativas, comprar o produto.

Destaca-se que o processo decisório pode não garantir a compra do produto após a decisão de adquiri-lo, pois podem ocorrer alterações de última hora, surgindo novas informações ou alternativas, por exemplo: pode ser que o consumidor encontre no revendedor uma estratégia de preço em que uma oferta vantajosa põe um carro de grande porte com pequena diferença do carro escolhido, o que o faz comprá-lo, ou o carro escolhido estar em falta no mercado, assim não realizará a compra. Neste momento, o profissional de marketing pode elaborar estratégias para não perder o negócio, como oferecer um carro similar com desconto, mais acessórios etc.

Quando a experiência do consumidor com o local e o atendimento é positiva, a probabilidade de ele comprar em tal ponto se eleva.

Se o consumidor teve uma experiência de compra em uma loja em que ele foi bem atendido, teve suas dúvidas sanadas, comprou, ficou satisfeito com o produto e recebeu um contato pós-venda da loja para saber se o produto atendeu as suas necessidades, maior será a probabilidade de que ele escolha aquela loja novamente para suas futuras compras.

Adquirido o produto, vem a avaliação pós-compra.

4.3.3 Pós-compra

É o momento em que o consumidor avalia os resultados do produto adquirido. É também o momento em que ocorre a **dissonância cognitiva**, caracterizada como a sensação de desconforto, arrependimento ou forte dúvida experimentada com relação ao produto adquirido, como: será que o modelo adquirido atenderá as suas expectativas? Não seria melhor outro modelo? O preço foi elevado? Não seria melhor ter adquirido uma marca mais barata?

Depois da compra, os consumidores continuam buscando informações sobre o produto para saber se realmente fizeram uma boa compra. Se as informações encontradas são positivas, a ansiedade diminui; porém, se forem negativas, o desconforto e a ansiedade crescem, e a compra torna-se um pesadelo.

A dissonância cognitiva ocorre antes do uso do produto. No comércio varejista, na venda de balcão, ela ocorre na hora de pagar a conta no caixa ou entre a compra e o uso do produto.

Comportamento do consumidor ♦ Vencendo desafios

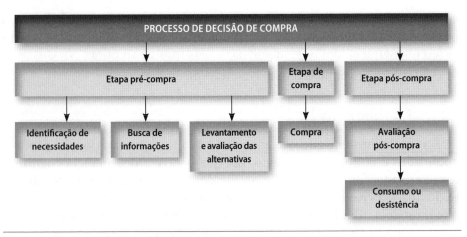

Figura 4.1 Processo de decisão de compra.

VENCENDO DESAFIOS

Depois de ler sobre o processo de decisão de compra, você já tem condições de orientar qualquer pessoa sobre uma compra acertada. Como você orientaria Ana Maria?

4.4 Conquistando o consumidor ao facilitar sua decisão

Conhecer o processo de decisão de compra auxilia o profissional de marketing a criar estratégias que facilitarão a decisão do consumidor. Quanto mais ética for suas estratégias, mais ele o conquistará e provavelmente o fidelizará. Caso contrário, poderá perdê-lo.

Na mente das pessoas, as justificativas para que, em determinado momento, consumam algo ou deixem de consumi-lo podem ser as mais diversas. Algumas vezes, o processo todo é bem fundamentado, outras vezes, as pessoas simplesmente fazem algo quase sem consciência. Alguns gestores, de maneira oportunista, agem baseados nesses momentos de baixa racionalidade dos clientes objetivando aumentar as vendas para níveis bem acima das necessidades dos clientes (estímulo à compra impulsiva). Essa atitude focada em elevar o volume de vendas e o lucro pode trazer melhores condições para as organizações no curto prazo, porém, não apenas louros costumam ser colhidos com tais medidas: muitas marcas acabam tendo problemas com a aceitação de alguns de seus produtos em determinados locais

Capítulo 4 • Processo decisório

ou no mercado geral, porque exageram na dose de estímulo e facilitação ao consumismo. Quanto maior for o valor agregado dos produtos que se comercializa, mais equivocada poderá ser uma estratégia de estímulo inconsequente ao consumismo, ou seja, o ideal é que os gestores estejam comprometidos com os clientes e não que apenas, por meio deles, almejem o lucro.

Quando a aquisição de algum produto ocorre de maneira indiscriminada pelo cliente, o resultado pode ser muito mais danoso à organização do que alguns gestores são capazes de perceber ou imaginar. Quando, no pós-compra, o cliente faz uma comparação entre os resultados da compra e as expectativas que o originariam, e chega a uma constatação diferente e inferior à expectativa previamente estabelecida, certamente instaura-se a dissonância cognitiva e, com ela, um dos principais problemas que a organização pode ter, que são clientes insatisfeitos. Nesse caso, muitos clientes tendem a não mais comprar o produto, marca ou em determinada loja. (Silva e Zambon, 2015, p. 244-245.)

Assim como os próprios autores dizem: "É melhor deixar de realizar uma venda no presente do que perder o cliente e todas as potenciais vendas futuras para ele".

O consumidor pode ser conquistado pelo atendimento, por ouvir histórias sobre o produto e a marca, pelo preço e pelas condições de pagamento, pelos diferenciais que o produto ou a marca oferecem, entre outros. Deve-se averiguar qual é a melhor estratégia para cada consumidor.

É importante que os profissionais que vão negociar o produto sejam treinados, conheçam as condições de pagamento, trocas e outras informações que se encontram na política da empresa, que saibam o que a concorrência está oferecendo e como lidar com as objeções[1] dos consumidores, para que possam vencer a dissonância cognitiva.

4.5 Pessoas envolvidas no processo de compra

Nem sempre o comprador é a pessoa envolvida em todo o processo de compra. Muitas vezes, outras pessoas, além do comprador, estão envolvidas neste processo. Saber quais são as pessoas envolvidas no processo de

---

1. São barreiras, mecanismos de defesa que os consumidores usam, sem muito pensar, para justificar a não compra de um produto.

compra e seus papéis auxilia o profissional de marketing a direcionar suas estratégias sobre o produto.

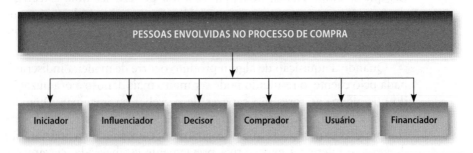

Figura 4.2. Pessoas envolvidas no processo de compra.

Segundo Madruga et al. (2004), os papéis mais comuns são:

a) Iniciador: é a pessoa que sente uma necessidade e a intenção de satisfazê-la. É ela quem dá a ideia e o primeiro passo para a compra.

b) Influenciador: é a pessoa que influenciará a decisão de adquirir um produto. Pode ser um amigo, um parente, um vendedor, um especialista, o ator da propaganda, enfim, que faz a avaliação sobre a necessidade da compra.

c) Decisor: é a pessoa que decide pela compra, podendo comprar ou não o produto desejado.

d) Comprador: é a pessoa que realiza a compra.

e) Usuário: é a pessoa que usará o produto.

f) Financiador: é a pessoa que pagará pelo produto.

Por exemplo, uma criança sente a necessidade de ter um brinquedo (produto) que vê diariamente em seu programa favorito de TV (iniciador). Chama a mãe para ver o brinquedo e o ator que o expõe fala sobre os vários benefícios que o brinquedo traz para a aprendizagem da criança. A mãe e a criança vão à loja para ver o brinquedo e o vendedor reforça a qualidade do produto e o desenvolvimento que propicia à aprendizagem (influenciadores). A mãe resolve comprar o brinquedo (decisor). Vai à loja e o adquire (comprador). É a criança que usará o brinquedo (usuário) e é o pai que pagará por ele (financiador).

CAPÍTULO 5

Pesquisando o consumidor

Uma série de pesquisas são feitas com o objetivo de entender o comportamento do consumidor, para que o profissional de marketing possa desenvolver seus produtos, marcas e estratégias para conquistar seus clientes.

Este capítulo tem como objetivo apontar as principais pesquisas, desde as tradicionais até aquelas decorrentes da tecnologia. Ressalta-se que o capítulo dá ao leitor um panorama geral de como se faz pesquisa com o comportamento do consumidor e, para os interessados no assunto, sugere-se um aprofundamento mais detalhado por meio de literatura específica.

5.1 A pesquisa do comportamento do consumidor

DESAFIO

Elaborar uma pesquisa sobre o dia da semana e o horário de maior movimento de crianças em uma loja de fast-food de determinado shopping. Construir um questionário para entrevista com o objetivo de saber os motivos, conscientes ou não, que estimulam os pais a levarem seus filhos em tal loja de fast-food. Sugerir técnicas para pesquisar os desejos inconscientes dos pais.

A pesquisa do comportamento do consumidor envolve a escolha de um método, coleta de dados e técnicas adequadas conforme o problema e os objetivos da pesquisa. As empresas bem-sucedidas são aquelas que investem em pesquisas para lançar e manter seus produtos de acordo com a satisfação das necessidades de seus consumidores.

Inúmeros produtos que não saem das prateleiras, comunicação inadequada, pontos não estratégicos e problemas com os quais as empresas deparam com seus consumidores são decorrentes da falta de pesquisas.

> Por meio de uma metodologia adequada, que identifica o problema, define os objetivos, utiliza técnicas estruturadas de coleta, análise e interpretação, o profissional de marketing poderá obter informações necessárias e precisas para tomada de decisões relativas à satisfação da necessidade do consumidor. "Uma das mais notáveis diferenças entre os melhores profissionais de mercado e o restante da massa é que as empresas líderes do setor de consumo e suas agências de propagandas globais fazem um volume inacreditável de pesquisas" (Hiam, 1999 apud Samara, 2005, p. 12.)

Para sobreviverem num mercado altamente competitivo, as empresas precisam investir em pesquisas para criar seus produtos/serviços e no tipo de comunicação que atinge seu público-alvo.

5.2 Tipos de pesquisas

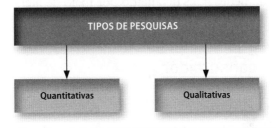

Figura 5.1 Tipos de pesquisas.

Os tipos de pesquisas existentes se diferenciam pela forma de abordar os dados e podem ser:

a) **Quantitativas:** numéricas, baseadas na relação com números de dados com que se deseja pesquisar um tema. Um breve exemplo é a quantidade de habitantes em uma cidade em relação a quantos veículos a cidade possui. É comum haver em shoppings pesquisadores com aparelhos que são clicados cada vez que uma pessoa passa por eles. Podem clicar todas as pessoas, somente jovens, apenas crianças ou qualquer outro público, dependendo do seu objetivo. Os dados são em números, por exemplo, quantas pessoas frequentam o shopping na segunda, na terça ou no sábado, e podem ser comparados, se for o objetivo da pesquisa, com o número de jovens em relação ao número de pessoas que entram no shopping. A pesquisa quantitativa auxilia no conhecimento do perfil do consumidor, por exemplo: com que frequência determinado consumidor compra ingressos para teatro e cinema por um site específico para estes produtos.

b) Qualitativas: a abordagem é situacional, ou seja, em quais condições os dados serão avaliados. Não importa o número, mas a qualidade. Um bom exemplo de pesquisa qualitativa é verificar o conforto ou a segurança que dado veículo oferece ou a qualidade de um curso de idiomas. A pesquisa qualitativa auxilia na identificação dos motivos de compra de um produto.

5.3 Métodos de pesquisa

Figura 5.2 Métodos de pesquisa.

Os principais métodos de pesquisa são:

a) Pesquisa experimental: é o método utilizado em laboratório, que permite isolar dados para saber exatamente aquele que influencia o comportamento do consumidor e em qual nível tal influência ocorre. Permite que as variáveis a serem estudadas, além de isoladas, sejam controladas. Geralmente, trabalha-se com dois grupos para garantir o resultado da pesquisa. O grupo chamado experimental

Comportamento do consumidor • Vencendo desafios

é aquele em que a variável será isolada, e o outro, chamado grupo controle, é aquele que reproduz as condições encontradas em ambiente natural, sem intervenção, por exemplo: uma indústria farmacêutica desejava lançar um novo produto para emagrecer e precisava pesquisar os efeitos colaterais deste medicamento (variável a ser pesquisada). Convocou pacientes para verificar os efeitos colaterais do produto e dividiu o grupo em dois. Os dois receberiam o medicamento, porém um, o grupo experimental, receberia o verdadeiro medicamento, e o segundo, o grupo controle, receberia o medicamento falso, feito de componentes neutros, que não tinham efeito nenhum. Porém, os dois grupos acreditavam que estavam tomando o medicamento verdadeiro. Tal experimento foi feito em decorrência de controlar o fato de que alguns pacientes apresentam sintomas por sugestão, ou seja, não sabem que estão tomando o medicamento neutro (placebo) e relatam sintomas como náuseas, dor de cabeça, tontura etc.

Embora seja um método tradicional, respeitado e eficaz, ele tira as pessoas de seu ambiente natural, fazendo-as, muitas vezes, agirem como se estivessem em ambiente natural.

> Apesar de ser um método eficaz e bastante utilizado na análise do comportamento do consumidor, a experimentação apresenta vários limites. Trata-se de uma técnica utilizada no laboratório, o que faz com que o ambiente no qual atuam os indivíduos seja artificial, gerando também artificialidade no nível do seu comportamento. Quando os indivíduos sabem que estão sendo testados tendem a ser menos espontâneos e a tentar adivinhar as hipóteses da pesquisa, o que introduz vieses nos resultados. (Karsaklian, 2000, p. 277.)

b) **Pesquisa de campo:** são estudados onde os comportamentos de compras acontecem (numa loja, num restaurante, num supermercado, entre outros). Suas variáveis são parcialmente controladas por influências externas, mas podem ser administradas pelo pesquisador.

c) **Pesquisa bibliográfica:** é desenvolvida por meio de pesquisa de documentos e teorias, feita por pesquisadores e testada por vários profissionais de marketing, que vão provar se as hipóteses levantadas pelos pesquisadores estão corretas ou não. É conhecida também como pesquisa documental, levantamento de dados e estudos de caso.

5.4 Técnicas de pesquisa

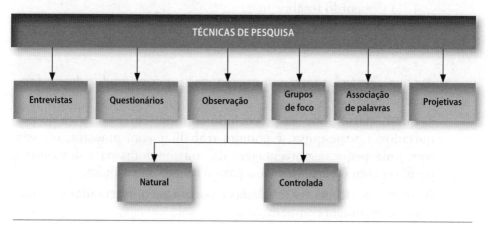

Figura 5.3 Técnicas de pesquisa.

As principais técnicas de pesquisa do comportamento do consumidor são:

a) **Entrevistas:** são pessoais; as perguntas, na maioria das vezes previamente planejadas, são feitas pelo entrevistador para averiguar a percepção do consumidor sobre determinado produto, marca, hábitos, crenças, enfim, o que o pesquisador tem como objetivo. A vantagem da entrevista é que qualquer dúvida que o entrevistador venha a ter pode ser esclarecida no momento com o entrevistado.

b) **Questionário:** são formuladas questões sobre o produto, a marca ou o que se deseja pesquisar. Deve iniciar ou terminar com os campos que contenham informações demográficas (idade, sexo, estado civil, renda familiar, enfim, o que o pesquisador definir como importante). O questionário pode ser utilizado na entrevista ou pode ser entregue ao consumidor, que vai respondê-lo e entregá-lo ao pesquisador. Neste último caso, se houver dúvidas, o pesquisador não poderá saná-las. O questionário prático é o de múltipla escolha, aquele que contém questões objetivas com alternativas. Por exemplo:

- Você prefere produtos orgânicos?
  ( ) Sim ( ) Não ( ) Indiferente

- Você relaciona a qualidade com a aparência da carne?

( ) Concordo totalmente

( ) Concordo parcialmente

( ) Não concordo

Ao final, deverá conter um espaço, caso o consumidor deseje fazer algum comentário.

O questionário pode ser preenchido com ou sem a presença do pesquisador. Em pesquisa, é comum trabalhar com amostra, ou seja, com uma pequena porcentagem de consumidores para descobrir o perfil ou com o perfil desejado para o objeto da pesquisa.

As respostas devem ser tabuladas e podem ser apresentadas em gráficos que permitem comparações.

Exemplo com método (quantitativo) e técnica (entrevista com o questionário) de pesquisa: A Sopa Suave pretende lançar um novo sabor – sopa de gengibre – e pede a você uma pesquisa sobre a viabilidade desse novo sabor. A pesquisa será feita em supermercados. Haverá um promotor promovendo a degustação do produto e a entrevista com os clientes que experimentarão a sopa.

PESQUISA SOBRE SOPA DE GENGIBRE

Idade: ( ) de 20 a 30 anos Sexo ( ) Masculino Estado Civil ( ) Solteiro

  ( ) de 21 a 30 anos ( ) Feminino ( ) Casado

  ( ) de 31 a 40 anos ( ) Divorciado

  ( ) de 41 a 50 anos

  ( ) de 51 em diante

1. Você tem o hábito de tomar sopa?

 ( ) Sempre ( ) Às vezes – Em que ocasiões:_____ ( ) Não

2. Você leva em consideração a marca da sopa?

 ( ) Sim ( ) Não

Figura 5.4 Modelo de formulário de pesquisa. ▶

Capítulo 5 • Pesquisando o consumidor

---

3. Você gosta de gengibre?

   ( ) Sim   ( ) Não

4. Você compraria sopa de gengibre?

   ( ) Sim   ( ) Não

5. As crianças próximas a você (filhos, sobrinhos, vizinhos) tomariam sopa de gengibre?

( ) Sim   ( ) Não

6. Você recomendaria a sopa de gengibre a familiares, amigos ou vizinhos?

   ( ) Sim   ( ) Não

Comentários:

Data: ___/___/___   **Pesquisador:**_____

Figura 5.4 Modelo de formulário de pesquisa.

c) Observação: consiste em estabelecer um roteiro previamente traçado do que será visto e anotado. A observação pode ser natural ou controlada.

- Observação natural: é o estudo do comportamento natural e espontâneo das pessoas num determinado ambiente. Por exemplo, o pesquisador observará e anotará o que as crianças compram, numa sessão de cinema, para comer.

- Observação controlada: ocorre uma intervenção no ambiente que permite ao pesquisador observar o comportamento que deseja. Por exemplo, oferecer degustação de um novo chocolate e ver como as crianças reagem a ele.

O pesquisador deverá ser bem treinado para reduzir a subjetividade em suas observações. Este método permitirá ver os comportamentos, mas não mostrará os motivos do consumidor para tal comportamento.

Daí a importância de utilizar outros métodos, por exemplo, a entrevista para obter mais dados sobre a pesquisa.

d) **Focus Groups ou grupos de foco:** um produto, uma marca ou o que se deseja pesquisar é apresentado a um grupo de 8 a 12 integrantes, escolhidos conforme critérios estabelecidos (controle de idade, sexo, estado civil, escolaridade, entre outros, de acordo com o objetivo da pesquisa), que permitam a homogeneidade ao grupo, para que não ocorram muitos conflitos ou dificultem identificar comportamentos comuns. Por exemplo, um grupo de pessoas com namorados, casados há mais de 20 anos e divorciados dificultaria uma discussão sobre presentes para o dia dos namorados, pois não é homogêneo em relação ao estado civil. Porém, um grupo de namorados e recém-casados é mais homogêneo e apresenta comportamentos semelhantes ao tema presentes para o dia dos namorados.

O grupo deverá discutir suas percepções sobre o produto ou tema colocado. Para que a discussão não desvie do seu foco, é necessário um mediador, que apresenta o objetivo da discussão, explica as regras, tenta intervir o mínimo possível, para evitar algum tipo de indução de opinião, e, além disso, procura tirar o máximo de informação possível dos participantes.

Capítulo 5 • Pesquisando o consumidor

O moderador deverá incentivar a participação de todos, estabelecer a interação entre os membros do grupo e estimular um ambiente descontraído. É fundamental que seja bem treinado, conheça o tema a ser discutido e tenha um roteiro para nortear a discussão.

As informações tiradas são as mais diversas, como suas opiniões, reações perante o produto, toque, entre outras. Ajuda a levantar as impressões sobre um novo produto, preços, ações de marketing, sugerir ideias sobre novos produtos, usos, embalagens etc.

e) Associação de palavras: é uma técnica que consiste em ligar uma palavra a um objeto, ou seja, quando é colocada uma palavra em discussão, deve puxar em sua memória uma lembrança que a liga a um produto ou objeto. Este método é muito utilizado pelos profissionais de marketing para criar nome a uma marca ou produto, fazer um comercial de um produto a ser lançado no mercado. Exemplo desta situação é a empresa de prestação de serviço de telefone "OK". Seu nome poderá ser encontrado em várias situações do dia a dia e poderá fazer lembrar desta marca em um destes momentos. Outros exemplos: fazer associações com palavras como férias, sorvete, verão, entre outras, poderá estimular a associação com produtos e serviços.

f) Técnicas projetivas: são técnicas que visam pesquisar as motivações inconscientes do consumidor, como desejos inadmissíveis conscientemente, sentimento de culpa em comprar. Estas técnicas permitem averiguar reações de compras que os consumidores omitem para si mesmos por vergonha ou culpa. Por exemplo, ao comprar um carro de luxo para conquistas amorosas, que geraria vergonha pela baixa condição econômica da família, ou encher de presentes o filho para compensar as ausências decorrentes do trabalho ou do dia a dia.

A técnica consiste em dar gravuras para que o cliente pesquisado relate uma história em cada uma delas e tem como objetivo levá-lo, sem que ele tenha consciência, a projetar-se na história, ou seja, os desejos do personagem que ele cria o leva a relatar seus próprios desejos. Ou pode-se relatar uma história e pedir que o pesquisado dê a ela um contexto e um final.

As técnicas projetivas se enquadram na pesquisa qualitativa e são utilizadas quando a informação desejada não pode ser obtida por outras técnicas. Tendo em vista sua complexidade, os testes utilizados são protegidos pelos órgãos que controlam os testes psicológicos e devem ser aplicados exclusivamente por psicólogos capacitados a interpretá-los.

DESAFIO

Depois de ler este capítulo, você já pode escolher o tipo, o método e a técnica de pesquisa adequada ao seu objetivo e já está apto a construir o questionário do desafio proposto.

5.5 A pesquisa, a tecnologia e o cliente personalizado

Não há dúvidas de que o avanço da tecnologia revolucionou as relações humanas. Da mesma forma, revolucionou a maneira de pesquisar o comportamento do consumidor.

O tradicional gravador e as filmadoras foram substituídos pelos dispositivos móveis que enviam informações, em tempo real, de qualquer e para qualquer parte do planeta.

A internet se desenvolve a largos passos, e surgem os sites de busca, cuja maior expressão na atualidade é o Google; as redes sociais, representadas principalmente pelo Facebook e o YouTube, com uma infinidade de vídeos. Tudo pode ser pesquisado, analisado e visto com apenas um clique. Com a internet, chegou o tão sonhado estudo do cliente personalizado. O leitor já deve ter usado o Google para pesquisar o valor de uma passagem aérea para determinado destino ou de um livro que queria comprar e ao abrir seu e-mail percebe banners mostrando ofertas de passagens aéreas para tal destino e ao abrir o Facebook encontra ofertas do livro que pesquisou. Se mudar o status do Facebook de solteira para noiva, receberá inúmeras propagandas com enxovais, bufês, vestidos de noiva, entre outros artigos para quem sinaliza que tem intenção de se casar. Mas como tudo aconteceu?

Em 2006, o Google lidava com 100 milhões de buscas por dia. Registrando termos de busca e endereços de IP, o Google era capaz de formar perfis para milhões de usuários individuais. Informações adicionais – como nomes reais e endereços de e-mail – podiam ser coletados dos usuários quando eles se cadastravam para usar quaisquer produtos gratuitos do Google.

As buscas realizadas por um indivíduo durante um período prolongado revelam muito sobre ele. Detalhes como profissão do usuário, hobbies, escolaridade, faixa de renda, idade, sexo, domicílio e estado civil podia ter valor de marketing.

Os fundadores do Google entenderam que essas informações poderiam ser usadas para vender anúncios, e os lucros dos anúncios poderiam ser reaplicados no negócio para coletar mais informações.

Por exemplo, eles expandiram a presença do Google a outros sites (como o Amazon.com), outros tipos de conteúdo (como videoclipes) e outras plataformas de hardware (como telefones celulares). Ao estender o alcance do Google, eles adquiriram mais usuários e mais informações sobre o seu comportamento on-line e podiam oferecer aos anunciantes uma audiência maior e mais diversificada. Os motivos para anunciar no Google tornavam-se cada vez mais fortes.

[...] Então o Google estendeu sistematicamente a busca a outros tipos de conteúdo: livros, entradas de voz, fotos, vídeos, imagens de satélite e mapas. Embora o Google tenha comprado ferramentas para operar com diferentes tipos de conteúdo, jamais hesitou em digitalizar e organizar conteúdos sem a permissão dos proprietários. Por exemplo, o Google comprou o YouTube sabendo que o site da empresa era usado ilegalmente para distribuir vídeos protegidos por direitos autorais. E, quando adotou a digitalização de livros como um dos seus objetivos, simplesmente começou a fazê-lo. (Cleland, 2012, p. 16-17.)

Os dados que vão chegando para delinear o consumidor personalizado (único, produtos direcionados exclusivamente àquele consumidor) não vêm apenas da internet, mas da telefonia fixa e também de televisores que registram os canais e horários mais assistidos.

O Google já estendeu seu alcance a outros tipos de hardware, incluindo aparelhos de telefonia fixa, telefones celulares e televisores. O Google introduziu seu serviço telefônico gratuito, principalmente para colher fonemas, os elementos básicos da fala da forma como são pronunciados pelos usuários, e que podem ser usados para desenvolver soluções de reconhecimento de voz mais confiáveis. O Google oferece gratuitamente a licença de seu sistema operacional para telefones celulares. Agora, a empresa não apenas é capaz de rastrear você enquanto se move pela web, mas também consegue rastreá-lo enquanto caminha pelas ruas. E com a Google TV, você pode assistir à televisão e à web, enquanto o Google assiste a você. (Cleland, 2012, p. 18.)

Assim, o consumidor é visto cada vez mais de perto no que diz respeito aos seus hábitos, suas crenças e seu comportamento de consumo. A internet passa a ser um dos maiores instrumentos de pesquisa do comportamento do consumidor.

CAPÍTULO 6

O consumidor virtual

A internet surgiu no Brasil em 1987[1], voltada principalmente para a pesquisa acadêmica, mas foi em 1995 que o Ministério das Comunicações e o Ministério da Ciência e Tecnologia lançaram a implantação de uma rede internet global, atingindo todo e qualquer tipo de uso. É nesta ocasião que a internet passa a ser não somente um instrumento de pesquisa e informação, mas também de comércio.

> A popularização da internet impulsionou o crescimento do comércio eletrônico, que passou a competir com as lojas físicas pela preferência de compra dos consumidores, e hoje se apresenta como uma das grandes tendências do mercado mundial. (Merlo e Ceribeli, 2014, p. 267.)

O E-commerce, ou comércio virtual, refere-se às compras efetuadas por meio de computadores e dispositivos móveis (celulares, tablets, notebooks e similares) conectados à internet. Trata-se de transações comerciais por contato virtual, sem o encontro pessoal do comprador, do vendedor e a presença física na loja.

---

1. História da internet no Brasil. Disponível em: http://homepages.dcc.ufmg.br/~mlbc/cursos/internet/historia/Brasil.html. Acesso em: 18 out. 2015.

Comportamento do consumidor • Vencendo desafios

A mais recente modalidade do *e-commerce* é o *s-commerce*, que são as ações e estratégias do e-commerce aplicadas às mídias sociais, que, além da possibilidade de oferecer produtos, abriu espaço para que os consumidores pudessem dar opiniões, sugestões, fazer reclamações e compartilhar experiências sobre lojas, produtos e marcas. Começa a era do boca a boca virtual, criando um vínculo de maior responsabilidade da empresa para com o consumidor.

As pesquisas mais recentes apontam que os consumidores estão deixando seus pontos tradicionais/presenciais de compra e aderindo cada vez mais às compras virtuais. Procuram informações em sites, blogues e redes sociais (analisam depoimentos de clientes, número de curtidas), comparam preços e avaliam o atendimento. Cada vez mais o consumidor exige responsabilidade e ética, e somente com elas a empresa pode mostrar-se sólida e garantir segurança ao consumidor.

Vêm a completar este quadro os sites de compras coletivas, como o Peixe Urbano e o Groupon[2], que intermediam o consumidor e a empresa que oferece o produto. Estes sites conseguem negociar descontos com as empresas por comprarem em grande quantidade – chegam a conseguir até 50% de desconto.

Os fatores intrínsecos e extrínsecos que influenciam o comportamento do consumidor são os mesmos, sejam eles consumidores presenciais ou virtuais. O que muda é o local de vendas – a loja não é mais física, mas, sim, virtual; a velocidade em comprar o que se deseja; o tempo gasto com a compra; a rapi-

---

2. Os dois sites de compras coletivas mais conhecidos até o fechamento deste livro.

dez da comparação entre as lojas e as oportunidades de preços, descontos e outros. Estes elementos fazem que, para as empresas, as ações em direção ao *e-commerce* sejam bem mais complexas. Surge o marketing digital, definido como ações de comunicações, por meio da internet, telefonia celular e outros meios digitais, de que a empresa pode se utilizar para divulgar sua marca, seus produtos, manter e conquistar novos clientes.

DESAFIO

Você está abrindo uma loja virtual de equipamentos para pesca. Utilizando as informações oferecidas neste capítulo, que providências você tomaria para fazer sua loja ser atrativa e estabelecer a confiança do cliente em seus produtos, marcas e imagens da empresa?

6.1 Fatores que influenciam o comportamento do consumidor virtual

São vários os fatores que influenciam o comportamento do consumidor virtual para consumir e garantir sua fidelização, destacando-se:

a) **Confiabilidade:** o consumidor virtual pesquisa a loja virtual, as reclamações, a presença em várias mídias e os comentários que nelas aparecem. A apresentação da política de privacidade da loja, que deve ser amplamente divulgada, se faz necessária, pois o consumidor se preocupa com sua privacidade e segurança. A percepção de como estes dados são tratados influenciam a escolha da loja virtual.

No que se refere à privacidade, o consumidor tem a necessidade de ter suas informações pessoais, como CPF, RG e endereço mantidas sob sigilo enquanto que, em relação à segurança, ele precisa sentir-se seguro quanto à proteção de dados, como o número de seu cartão, senha e código de segurança.

A confiança estende-se também ao produto apresentado pela loja, que deve ser o mesmo recebido pelo cliente, ao prazo de entrega, à facilidade de trocas e devoluções e ao pós-vendas.

b) **Facilidade:** em encontrar os produtos desejados e comparar as lojas virtuais que os comercializam.

c) **A conveniência:** redução do tempo para comprar. O consumidor virtual não necessita de deslocamento e não tem problemas com transporte e estacionamento.

Comportamento do consumidor ◆ Vencendo desafios

d) **Atendimento:** as pessoas que atendem nos websites devem ser treinadas, conhecer o produto comercializado, atender com simpatia, saber esclarecer as dúvidas do consumidor e apresentar soluções.

e) Qualidade do produto, preço e condições de pagamento: os consumidores virtuais pesquisam e escolhem aqueles que estão mais próximos de suas condições.

f) **Prazo de entrega:** a loja virtual deverá cumprir o prazo que informou ao consumidor. Muitas lojas perdem sua clientela por não terem cumprido o prazo de entrega. Jamais a empresa deve vender um produto que não tem ou que está aguardando o fornecedor entregar.

g) **Trocas e devoluções:** quando acontecem rapidamente e sem dificuldades, aumentam a confiança do consumidor pela loja.

h) **Pós-vendas:** assim como nas lojas físicas, a loja virtual deverá entrar em contato com o consumidor ou ter um canal em que possa coletar a satisfação com o produto e o atendimento da loja e dar prioridade para as reclamações e trocas.

6.2 A construção do website ou loja virtual

Quanto mais elaborado e agradável for o site, com o uso de fotos, vídeos e facilidade de acesso, mais tempo o consumidor permanecerá nele. Daí a importância dos fatores que influenciam a percepção e a aplicação da aprendizagem no consumo para atrair consumidores.

A busca por produtos deve ser otimizada; quanto mais palavras-chave, mais visibilidade e mais visitas.

Devem conter ilustrações do produto e informações necessárias. Por exemplo, se é um produto físico, informações sobre sua composição, uso, montagem etc. Se o site oferecer serviços, como um treinamento por uma consultoria, deve conter fotos ilustrativas, a descrição completa do treinamento, data, endereço, preço, condições de pagamento etc. Promoções variadas devem ocorrer sempre.

6.3 A presença em blogues e redes sociais

A loja virtual deve ter um blogue e presença nas redes sociais que ofereça aos consumidores informações sobre seus produtos, promoções e, principalmente, conteúdo relevante, ou seja, se a loja for de jardinagem, deve oferecer dicas de como cuidar das plantas e informações sobre quais tipos de plantas se adaptam a ambientes externos, qual é o melhor lugar para colocá-las, entre outros. O envio do produto para blogueiros conhecerem e divulgarem também tem oferecido bons resultados, principalmente porque muito deles são líderes de opinião.

Assim como na construção de uma loja física precisamos de engenheiro, arquiteto e outros profissionais porque não dominamos estas áreas, a construção de uma loja virtual também deve ser feita por profissionais especializados em marketing digital, mas para acompanhar sua construção é necessário um conhecimento prévio e dicas como as dos 8 Ps do marketing virtual.

6.4 Os 8 Ps do marketing virtual

Figura 6.1 Os 8 Ps do marketing virtual.

Para uma visualização do processo de construção de uma loja virtual, Vaz (2011) criou um guia estratégico de marketing digital, conhecido como os "8 Ps" do marketing virtual. São eles:

1º P – Pesquisa: dos hábitos de busca dos consumidores, no Google, em blogues e em redes sociais, para compreender o comportamento on-line dos consumidores potenciais, analisando suas buscas.

2º P – Planejamento: planejar ações para chegar aos consumidores potenciais, transformando o site da empresa em uma plataforma de negócios. É o momento de formação e preparação da equipe de trabalho.

3º P – Produção: é a produção do site, do blogue e de outras ferramentas virtuais que fazem parte do projeto da empresa.

4º P – Publicação: é a escolha dos conteúdos otimizados e persuasivos, obedecendo às estratégias de SEO (*Search Engine Optimization*) ou Oti-

Comportamento do consumidor • Vencendo desafios

mização de sites – criação dos mecanismos de buscas, links patrocinados e outros. Incluem vídeos, fotos e músicas associados ao negócio da empresa.

5º P – Promoção: promover o conteúdo para os consumidores do negócio. Envolve a publicação de anúncios, o uso de redes sociais, o envio de e-mail marketing.

6º P – Propagação: incentivo para os consumidores propagarem o negócio. Compõe-se de estratégias de atendimento, pós-vendas, valores agregados ao negócio que propiciem comentários e avaliações do público-alvo.

7º P – Personalização: com os dados obtidos, estar preparado para oferecer produtos relacionados, por exemplo, com a última busca que o consumidor fez.

8º P – Precisão: é o momento da avaliação dos resultados proporcionados pelos passos anteriores, levantando os pontos positivos e os pontos negativos, revendo e iniciando todo o processo novamente.

VENCENDO DESAFIOS

Depois da leitura deste capítulo, você já é capaz de resolver o desafio. Que providências você tomaria para fazer que sua loja de pesca virtual seja atrativa e estabelecer a confiança do cliente em seus produtos, suas marcas e imagens da empresa?

As mudanças na tecnologia acontecem numa velocidade incrível. Portanto, o profissional de marketing deve estar atento às tecnologias existentes e às novas tecnologias que vão aparecendo, para que possa continuar competitivo o negócio de uma empresa.

CAPÍTULO 7

O relacionamento com o consumidor

A tecnologia avançou no que diz respeito à busca de dados precisos dos consumidores, ou futuros consumidores, e no desenvolvimento de estratégias para fidelizá-los, mas é o fator humano que tem levado as empresas a perderem clientes.

Este capítulo aborda o relacionamento humano com o consumidor, outros meios de relacionamento e as estratégias que ajudam a fidelizá-los.

7.1 Além do produto, o atendimento ao consumidor

Se até o século XX uma empresa, para conquistar clientes, precisava ter um bom produto, a partir do século XXI a qualidade de um produto passou a ser uma obrigação da empresa, seu foco tornou-se o consumidor e cuidar do relacionamento com ele começou a fazer parte do seu diferencial.

Não adianta a empresa usar de estudos aprofundados do comportamento do consumidor nem possuir tecnologias de relacionamento com o cliente, como o **Custumer Relationship Management**-CRM[1], o Big Data[2] e outros, se não tiver pessoas capacitadas para atender ou dar suporte ao cliente, principalmente no fechamento de vendas e do pós-venda.

7.2 Principais queixas do atendimento ao consumidor

- Promessas não cumpridas. Exemplo: o consumidor precisa de um produto com urgência e o vendedor/atendente lhe garante que chegará em 24 horas, quando sabe que o produto chegará depois de 10 dias.
- Indiferença: vendedores ou atendentes desmotivados.

---

1. "Em decorrência da transformação de uma realidade na qual o proprietário de negócio conhecia seus clientes para uma realidade na qual isso é impossível, surgiu o CRM, uma forma de as organizações saberem quem são os seus clientes, quantos são, quais são as suas preferências etc. O gerenciamento do relacionamento com os clientes possibilitou as empresas tornarem-se enormes em números de clientes atendidos sem perder a capacidade de saber sobre cada cliente". (Silva e Zambon, 2015, p. 169). Em suma, possibilita a empresa saber a frequência de compra, a quantidade, o tipo de produto, as preferências etc. de cada cliente/consumidor que possui.
2. Refere-se a uma grande quantidade de dados, tanto dentro como fora da empresa, em tempo real, que podem ser extraídos de redes sociais, blogues e outros meios eletrônicos. Permite encontrar na web todas as informações disponíveis sobre uma pessoa/cliente/consumidor ou futuro cliente.

Capítulo 7 • O relacionamento com o consumidor

- **Atitudes inadequadas.** Exemplo: vendedor insistindo que o cliente leve um produto que ele não deseja; vendedor/atendente que demora a preencher o formulário ou deixa o cliente esperando ao telefone.

- **Atendentes ou vendedores que agem com sarcasmo.** Exemplo: "o concorrente tem um preço melhor? Então compra dele".

- **Intimidade:** tocar no cliente ou chamá-lo de "benzinho" e outros termos informais.

- **Atendentes/vendedores sem treinamento:** que desconhecem o produto, a empresa, as normas da empresa quanto à troca, ao prazo de entrega, à validade, entre outras informações que fazem o vendedor/atendente ser incapaz de dar uma orientação adequada ou resolver o problema do consumidor.

Na maioria das vezes, o cliente fica raivoso quando o problema não é resolvido, se torna recorrente ou não recebe o tratamento que espera.

Para minimizar as queixas do atendimento ao consumidor, as empresas devem selecionar criteriosamente seus colaboradores e capacitá-los para desempenharem suas funções, tendo como foco o relacionamento com o cliente.

É importante ainda que a empresa cuide de toda a cadeia de negócios: fornecedores (para evitar atrasos de entrega ou baixa qualidade dos produtos), colaboradores (todos e principalmente aqueles que lidam diretamente com o cliente), distribuidores, acionistas, formadores de opinião, entre outros.

Muitos problemas que o vendedor/atendente tem em relação ao cliente são decorrentes da comunicação inadequada (não receber, por exemplo, a informação sobre o aumento do valor do produto), da falta de apoio da liderança (por exemplo, precisa de autorização do gerente, que na maioria das vezes não está disponível) ou da cadeia de negócios.

7.3 Canais de relacionamento com o consumidor

Os principais meios que permitem o contato com o consumidor são:

a) **O telemarketing:** o meio utilizado pelo telemarketing é o telefone. É o mais utilizado pelos consumidores quando têm dúvidas ou precisam de um contato com a empresa. Também é o meio que se utiliza de várias técnicas para vender produtos.

A comunicação dirigida e seu potencial de relacionamento permitem o acompanhamento e o conhecimento de cada cliente, além de medir

Comportamento do consumidor • Vencendo desafios

os resultados de cada ação específica. Trabalhando com e os operadores treinados e a informática e os sistemas de telefonia como aliados, o telemarketing passou a ser rápido, eficiente e preciso. (Zenoni, 2010, p. 96.)

O telemarketing pode ser ativo, quando é a empresa que entra em contato com o consumidor para dar alguma informação ou efetuar uma venda, ou receptivo, quando é o consumidor que entra em contato com a empresa para fazer reclamações, solicitar informações sobre produtos, promoções, elogios, dúvidas etc.

A empresa deverá ter uma boa estratégia de telemarketing e profissionais capacitados para que os consumidores não o vejam de maneira negativa e o rejeitem.

b) Mala direta: correspondências, folhetos e propagandas enviados pelo correio. Este meio vem perdendo espaço pela facilidade de comunicação por outros meios (telemerketing, e-mails) mais rápidos e baratos.

c) E-mail: ao usar o e-mail como meio de contato com o consumidor, o profissional de marketing deve sempre estar atento ao conteúdo e à linguagem da mensagem. Mensagens indesejadas e inadequadas são rejeitadas pelo consumidor, e a empresa deve respeitar o fato de o consumidor não querer receber suas mensagens.

d) Websites: muitos sites de empresas, além de informações sobre a empresa e seu produto, que podem ser pesquisados pelo consumidor, permitem a conversa on-line com o consumidor.

e) Redes sociais e blogues: colocando conteúdos relevantes, informando descontos, promoções etc.

f) Telefonia móvel: o meio usado é o celular, que permite o envio de mensagens, fotos, vídeos e downloads.

Através da telefonia móvel, a empresa poderá desenvolver ações direcionadas a públicos específicos de clientes (a partir da base de dados), fazendo parte da estratégia de comunicação (comunicação dirigida), apoiar o atendimento e servir também, como um canal de vendas direto. (Zenoni, 2010, p. 116.)

Todas as comunicações com o cliente devem ser apoiadas em estratégias de marketing e na capacitação das pessoas que vão usá-las no relacionamento com o consumidor. Nas comunicações estão em jogo a imagem da empresa. Operadores de telemarketing insistentes, caixa postal lotada de e-mails indesejados, sites com atendimento on-line que não funcionam não demonstram uma boa imagem da empresa.

Figura 7.1 Canais de relacionamento com o consumidor.

7.4 Programas de relacionamento com o consumidor para fidelizá-lo

Uma das estratégias utilizadas pelas empresas para fidelizar os consumidores são os programas de fidelidade, a maioria deles baseada em pontos acumulados por compras repetidas. Parte-se da premissa de que quem compra sempre indica o produto para outras pessoas, daí a necessidade de as empresas manterem seus consumidores.

A tecnologia permite que as empresas aprofundem relações com os consumidores por meio de dados, como suas preferências, seu ciclo de compras, o que, como, quando e quanto estão comprando, entre outros. As empresas criam programas de fidelidade em que o consumidor ganha pontos a cada compra e pode trocá-los por prêmios. A empresa determina o valor dos pontos, por exemplo, a cada R$ 50,00, o consumidor ganhará 5 pontos. É importante que o profissional de marketing pesquise que tipo de prêmios seus clientes desejam ganhar. Muitas empresas utilizam o cartão fidelidade, que diz que a cada R$ 50,00 em compras o consumidor terá direito a 10 de pontos. A partir de 200 pontos, ele poderá trocar pelo prêmio que escolher valendo 200 pontos. É importante observar que, se forem muitos pontos para o consumidor trocar, pode fazer que ele perca o interesse pelo programa. A estratégia é ter menos pontos e prêmios mais baratos. Alguns autores não acreditam que o cartão fidelidade realmente fidelize o consumidor.

Os cartões de fidelidade os quais os clientes recebem ônus ou descontos a medida que realizam novas compras na mesma empresa, existem discussões se geram ou não fidelidade. Questiona-se se o cliente é fiel a marca ou é apenas uma ação promocional. (Barreto e Crescitelli, 2013, p. 68.)

Muitas empresas usam seus próprios produtos ou produtos ligados a ela para a troca de pontos. Para um produtor de marca de café, por exemplo, a troca pode ser por xícaras de café.

Os programas de fidelidade têm seu embasamento no reforço positivo do behaviorismo da teoria associativa.

CAPÍTULO 8

Ética e políticas de proteção e defesa do consumidor

DESAFIO
Como evitar que as reclamações dos consumidores comprometam o produto, a marca e a imagem da empresa?

Todo profissional de marketing deve conhecer a legislação e os aspectos éticos que envolvem o comportamento e a relação com o consumidor para poder precaver-se de transgredir a lei e comprometer a imagem da empresa.

Este capítulo tem por objetivo apresentar os aspectos legais que cercam o consumidor e a importância da ética e da educação de consumo.

8.1 Código de Proteção e Defesa do Consumidor (CDC)

Toda proteção do direito do consumidor é baseada no "Código de Proteção e Defesa do Consumidor", fundamentado na Lei nº 8.078, de 11 de setembro de 1990, e nos decretos que a regulamentam, que dispõem sobre a proteção do consumidor, descritos adiante.

É importante salientar que, embora todo estabelecimento comercial deva deixar disponível e visível o Código de Proteção de Defesa do Consumidor, a maioria dos consumidores desconhecem seu conteúdo. O conceito de "O cliente sempre tem razão", por exemplo, estabelecido em décadas passadas, faz que o cliente que compra uma roupa, leva-a para casa e, ao ver que não serve, volte à loja e brigue, porque acha que tem direito a trocá-la, quando o Código de Defesa do Consumidor estabelece que a troca é obrigatória quando o produto apresenta defeito; se a razão da troca não for defeito, é opção do estabelecimento comercial trocar ou não.

Agrega-se à proteção e defesa do consumidor as seguintes orientações:

a) Lei nº 10.962, de 11 de outubro de 2004: dispõe sobre a oferta e as formas de afixação de preços de produtos e serviços para o consumidor. Regulamentada pelo Decreto nº 5.903, de 20 de setembro de 2006.

b) Decreto nº 2.181, de 20 de março de 1997: dispõe sobre a organização do Sistema Nacional de Defesa do Consumidor – SNDC e estabelece normas gerais de aplicação de sanções administrativas previstas na Lei nº 8.078.

c) Decreto nº 5.903, de 20 de setembro de 2006: dispõe sobre as práticas infracionais que atentam contra o direito básico do consumidor de obter informações adequadas e claras sobre produtos e serviços.

c) Decreto nº 6.523, de 30 de julho de 2008: regulamenta a Lei nº 8.078 para fixar normas gerais sobre o Serviço de Atendimento ao Consumidor.

O SAC tem por objetivo dar informações, resolver dúvidas, reclamações, suspensão ou cancelamento de contratos e serviços. As ligações devem ser gratuitas ao consumidor e funcionar 24 horas, 7 dias por semana. É interessante observar que algumas disposições não são obedecidas por certos estabelecimentos comerciais, por exemplo, o art. 12: "É vedado solicitar a repetição da demanda do consumidor após o seu registro pelo primeiro atendente", quando inúmeros consumidores passam por vários atendentes, recebem vários protocolos e têm que repetir em cada atendimento sua demanda.

e) Decreto nº 7.962, de 15 de março de 2013: regulamenta a Lei nº 8.078 para dispor sobre a contratação no comércio eletrônico. Por exemplo, o art. 6º determina que "As contratações no comércio eletrônico deverão obedecer ao cumprimento das condições de oferta,

Capítulo 8 • Ética e políticas de proteção e defesa do consumidor

com a entrega dos prazos e serviços contratados observados prazos, quantidade, qualidade e adequação".

f) Decreto nº 7.963, de 15 de março de 2013: institui o Plano Nacional de Consumo e Cidadania e cria a Câmara Nacional das Relações de Consumo.

Ressalta-se que o consumidor, se conhecesse as leis que o protegem, poderia ter menos desgaste quando encontra problemas com seu produto.

8.2 Políticas de proteção e defesa do consumidor

No Brasil, as políticas de proteção ao consumidor estão vinculadas ao SNDC e integram-se a ele a Secretaria Nacional do Consumidor do Ministério da Justiça e os demais órgãos federais, estaduais, do Distrito Federal, municipais e as entidades civis de defesa do consumidor (Redação dada pelo Decreto nº 7.738, de 2012).

São representações importantes na proteção e defesa do consumidor:

8.2.1 Procon

É uma fundação que atua nos âmbitos estadual e municipal, criada para supervisionar as relações entre o consumidor e entidades comerciais que oferecem produtos e serviços. Cria leis e executa a proteção e defesa ao consumidor, por tal funciona como órgão auxiliar do Poder Judiciário. Procura intermediar a solução de problemas do consumidor individual, atendendo queixas pessoais ou de consumidores coletivamente, quando detecta práticas que são abusivas e que prejudicam os consumidores em geral. Tem autonomia para autuar e punir as entidades comerciais que não respeitam o Código de Proteção e Defesa do Consumidor. Quando o acordo não é possível, o caso poderá ser transferido para o Juizado Especial Cível. O Procon atua em âmbito local, atende diretamente o consumidor e monitora o mercado de consumo local. O atendimento pode ser pessoal, por telefone e pela internet.

8.2.2 O Instituto Nacional de Metrologia, Qualidade e Tecnologia (Inmetro)

Fiscaliza medida e padronização adequada de produtos, e o Instituto de Pesos e Medidas (Ipem) protege os consumidores de medidas legais e qualidade industrial. Por exemplo, o peso da lata (de ervilha), do vidro (de azeitona), da bandeja (de frango), do saco plástico (da farinha de trigo), do taxímetro do táxi, entre outros.

8.2.3 Os Juizados Especiais Cíveis

Também conhecidos como Juizado de Pequenas Causas, buscam resolver pequenas causas com rapidez, como devolução de produtos quebrados, com defeito ou estragados, que a entidade comercial não aceita de volta e não quer devolver o dinheiro; devolução do dinheiro de um serviço malfeito, entre outros, cujo valor não ultrapasse o equivalente a 40 salários mínimos, sendo 20 salários mínimos sem a necessidade de um advogado e acima deste valor há a necessidade de um advogado. Se a causa ultrapassar o equivalente aos 40 salários mínimos, o caso deve ir para a Justiça comum.

8.2.4 Delegacias Especializadas em Crimes Contra o Consumidor (Decon)

Ouve as partes, apura fatos, mas não faz o ressarcimento ou a troca de produtos. Se o problema não for resolvido em uma audiência, o inquérito será encaminhado à justiça, para que tome as providências cabíveis ao caso. Tem a vantagem de funcionar 24 horas. Atendem, por exemplo, as queixas de adulteração de bomba de gasolina, produtos com defeito, vendidos com validade vencida, produtos usados vendidos como novos, entre outras queixas dos consumidores.

8.2.5 As entidades civis de defesa do consumidor

São entidades criadas por cidadãos, devidamente registradas, com função estatutária de proteção e defesa dos consumidores. São associações e organizações não governamentais (ONGs) que atuam em defesa do consumidor. Promovem campanhas para mobilizar a opinião pública e pressionar governo e empresas; protestos e movimentos populares, por exemplo o aumento abusivo da energia elétrica; eventos, cursos e palestras; entre outras ações.

8.2.6 O Instituto Brasileiro de Turismo (Embratur)

Promove ações de proteção ao turista nas relações de consumo. Várias organizações oferecem a Cartilha do Consumidor Turista, em que apontam os direitos deste consumidor.

Capítulo 8 ♦ Ética e políticas de proteção e defesa do consumidor

8.2.7 Superintendência de Seguros Privados (Susep)

Órgão do governo responsável pela fiscalização dos mercados de seguros, previdência privada aberta, capitalização e seguros. Regula e supervisiona as seguradoras.

Portanto, o profissional de marketing deverá averiguar se existem cartilhas e orientações específicas ao seu produto, obedecendo às leis estipuladas a eles.

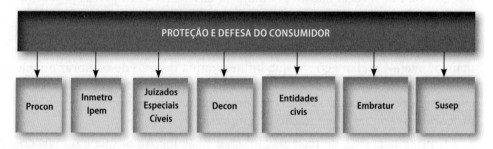

Figura 8.1 Proteção e defesa do consumidor.

8.3 Reclamações pela internet

O profissional de marketing deve estar atento ao fato de que o consumidor insatisfeito vai buscar pelos seus direitos e pode comprometer a imagem da entidade comercial.

A internet tem sido um canal em que o consumidor pode fazer suas denúncias e reclamações. A seguir, são apresentados os canais mais importantes.

8.3.1 Redes sociais

Os consumidores fazem reclamações de empresas que são compartilhadas por pessoas ligadas à sua rede e causa má impressão à marca e ao produto. Muitas empresas estão criando o chamado SAC 2.0, um monitoramento ininterrupto (do **Facebook**, **YouTube**, **Twitter** e outras redes sociais), tentando evitar problemas que correm como um vírus pela internet, tomando rápidas providências caso encontre reclamações, na tentativa de preservar a imagem de sua instituição.

Comportamento do consumidor ◆ Vencendo desafios

Ressalta-se que o consumidor, em sua maioria, ainda se comporta de maneira impulsiva ao fazer as denúncias e reclamações pelas redes sociais e muitas vezes se surpreende tendo o caso voltado contra si.

8.3.2 Sites de reclamações

Nestes sites, os consumidores fazem suas reclamações, e a empresa responsável pelo produto receberá uma notificação e deverá se manifestar para resolver ou não a reclamação. Na maioria das vezes, as empresas procuram uma solução com o consumidor o mais rápido possível, pois não desejam ver seu nome na internet causando péssima impressão aos seus atuais e futuros clientes. Em geral, os sites mostram estatísticas de empresas que têm mais ou menos reclamações e que influenciam a decisão de comprar aquele produto ou de comprar naquela loja. São sites utilizados por milhares de consumidores que, antes de fazerem uma compra ou fecharem um negócio, procuram averiguar a reputação da empresa.

Os principais sites de reclamação[1] são: Reclame Aqui, que é o mais conhecido (www.reclameaqui.com.br), o Reclamão (www.reclamao.com) e o Denuncio (www.denuncio.com.br).

8.4 Conar – a defesa da propaganda e do consumidor

O Conselho Nacional de Autorregulamentação Publicitária (Conar) surgiu no final dos anos 1970 com o objetivo de ir contra uma lei que o governo federal pensava em implantar, que determinava que nenhum anúncio poderia ser veiculado sem antes passar por uma autorização. Foi quando surgiu a ideia de uma autorregulamentação, com a criação de um código que zelaria pela liberdade de expressão comercial e defenderia os interesses do mercado publicitário e dos consumidores. Surge o Código Brasileiro de Autorregulamentação Publicitária.

Sua missão é impedir que a publicidade enganosa ou abusiva cause constrangimento ao consumidor ou às empresas e defender a liberdade de expressão comercial. Constituído por publicitários e profissionais de outras áreas, o Conar é uma organização não governamental que visa promover a liberdade de expressão publicitária e defender as prerrogativas

---

1. Observe que sites podem aparecer ou desaparecer a qualquer momento, e os mencionados são os que foram pesquisados por ocasião da construção deste tema no livro.

Capítulo 8 ♦ Ética e políticas de proteção e defesa do consumidor

constitucionais da propaganda comercial. Sua missão inclui principalmente o atendimento a denúncias de consumidores, autoridades, associados ou formuladas pelos integrantes da própria diretoria[2].

O Código Brasileiro de Autorregulamentação[3] regula os anúncios de várias categorias. Por exemplo, com relação aos anúncios da categoria "Empregos e oportunidades", estabelece:

1. Não deverão enganar o consumidor com alegações exageradas quanto à natureza do serviço, ao nível de remuneração e às condições do ambiente de trabalho.

2. Não deverão fornecer descrições e títulos falsos para a ocupação oferecida (exemplo: não se deve anunciar o cargo de "relações públicas" quando o que se oferece, na realidade, é um emprego de vendedor).

3. Não deverão conter qualquer restrição quanto ao sexo, idade, estado civil, nacionalidade, raça, cor ou religião.

4. Não deverão utilizar títulos de profissões devidamente reconhecidas como engodo para esconder a verdadeira condição de trabalho (por exemplo, divulgar vaga para biólogos quando o cargo oferecido é para vendedor de inseticidas).

Para o profissional de marketing, o Código Brasileiro de Autorregulamentação aponta as questões éticas em apelos de propaganda que envolvem as crenças e o comportamento do consumidor.

8.5 Ética nas relações com o consumidor

Frangos com data de validade vencida retirados de suas embalagens originais, lavados, reembalados com nova validade e retornados às prateleiras de supermercados e a outros estabelecimentos comerciais; molho de tomate com vermes; leite com excesso de soda cáustica; produtos com gramas ou mililitros a menos em relação ao estipulado na embalagem; serviços que não obedecem às especificações técnicas; garantias que não são respeitadas; produtos com defeito; produtos pagos e não recebidos, entre outros que apareceram ou continuam a aparecer em noticiários, apontam a urgente necessidade de resgatar a boa conduta nos negócios.

---

2. Dados extraídos de www.conar.org.br. Acesso em: 7 dez. 2015.
3. Disponível em: www.conar.org.br. Acesso em: 7 dez. 2015.

Comportamento do consumidor • Vencendo desafios

> Poder-se-ia argumentar que a maior parte dos valores, se não todos, compreendidos pela conduta ética nos negócios – honestidade, justiça, respeito pelos outros, serviço, palavra, prudência e confiabilidade – é parte conhecida da maioria dos administradores. Entretanto, infelizmente, esses "valores de bom senso" foram, com frequência, sofrendo uma desintegração no mercado. Os escândalos empresariais que aparecem na imprensa e os boatos mesquinhos no escritório são provas de que os administradores de empresas – assim como o resto da humanidade – nem sempre conseguem fazer da boa ética um fato real de conduta nos negócios. (Nash, 2001, p. 5.)

Atualmente, a ética tem sido tema frequente nos ambientes acadêmicos, organizacionais, na relação com o consumidor e na sociedade em geral. A divulgação dos deslizes, tanto do governo quanto das empresas, tem causado prejuízos dos mais variados tipos aos envolvidos e colocado em dúvida sua reputação.

> São muitas as razões para a promoção da ética no pensamento empresarial nos últimos anos. Os administradores percebem os altos custos impostos pelos escândalos nas empresas: multas pesadas, quebra de rotina normal, baixo moral dos empregados, aumento da rotatividade, dificuldade de recrutamento, fraude interna e perda de confiança pública na reputação da empresa. Desenvolveu-se até um setor da literatura que mostra os custos econômicos de uma reputação danificada. (Nash, 2001, p. 4.)

O profissional de marketing deve estar atento às denúncias e reclamações dos seus produtos, elaborando ações que impeçam o comprometimento do produto, da marca e da imagem da empresa.

Moreira (2002) aponta que os princípios éticos devem ser calcados nos princípios integrantes do ideal de justiça. São eles:

a) **Honestidade:** produtos que atendem às necessidades dos consumidores devem obedecer rigorosamente aos critérios de qualidade, especificações, propaganda e demais itens que os envolvem.

b) **Não lesar a outrem:** não oferecer produtos que lesem a saúde e a segurança do consumidor. Por exemplo, produtos com excesso de agrotóxicos que comprometem a saúde do consumidor.

c) **Dar a cada um o que lhe é devido:** oferecer o que se prometeu, preço justo, especificações, qualidade, entre outros.

8.5.1 Os integrantes dos ideais de justiça na relação com o consumidor

O comportamento ético envolve a prática do que é justo, certo e correto na sociedade. O consumidor que se sentiu lesado por um produto oferecido por uma entidade comercial que não foi ética pode recorrer às políticas de proteção e defesa do consumidor, tão divulgadas na atualidade, que sem dúvida comprometem o produto, a marca e a imagem da empresa.

Anexos

Questões dissertativas

Você encontrará 20 questões dissertativas e 20 objetivas. Procure responder às questões sem procurá-las no livro. Após respondidas, veja as respostas no site da editora e volte ao livro para revê-las. Isso vai lhe ajudar a memorizar os temas abordados e ver a aplicabilidade do comportamento do consumidor em seu cotidiano.

CAPÍTULO 1

1. A empresa Docedoçura vai lançar uma nova bolacha recheada, com os sabores morango, chocolate e coco, para pessoas diabéticas. Segundo a Docedoçura, o produto contém várias vitaminas. Como profissional de marketing, você foi contratado para colocar o produto no mercado. Para tanto, você deve:
a) Descrever o produto.
b) Estabelecer o preço.
c) Escolher os pontos.
d) Descrever a promoção.

CAPÍTULO 2

2. A padaria perto de sua casa tem pouquíssimos clientes, apesar de ser a única do bairro. Os proprietários, dois irmãos, contrataram você, profissional da área de marketing, para orientá-los em relação a uma imagem mais agradável ao consumidor. Como você usaria as variáveis da atenção para conquistar os clientes?

3. Você foi ao supermercado para comprar cerveja e percebeu que ao lado da cerveja havia uma tira com amendoins. Você acabou levando a cerveja e os amendoins. Qual o princípio da organização dos produtos que o supermercado utilizou para que você comprasse algo que não tinha planejado? O que diz este princípio?

4. Perceber é dar significado às sensações. Que mensagens pelos órgãos dos sentidos uma consumidora pode receber ao ir a um salão de beleza pela primeira vez? Descreva o que cada órgão do sentido poderá perceber.

5. A Psicanálise, criada por Sigmund Freud, revolucionou a maneira de ver o aparelho psíquico com seus estudos sobre o inconsciente. Afetou não somente a Psicologia, mas diversas áreas do saber. Trouxe grandes contribuições para o estudo do comportamento do consumidor no que diz respeito aos apelos direcionados às instâncias psíquicas ou aos elementos da personalidade. Veja a propaganda a seguir. Para qual das instâncias psíquicas (ou elemento da personalidade) é o apelo? Descreva este apelo, apontando nos detalhes da imagem como ele aparece na propaganda abaixo.

6. Um petshop será aberto em breve e os donos já contrataram três banhistas, três tosadores, um veterinário e um recepcionista e contratou você para fazer a divulgação e a propaganda do estabelecimento. Você decide fazer a propaganda baseado no tríplice apelo. Descreva quais apelos serão utilizados em cada instância psíquica (Id, superego e ego) na mesma propaganda.

7. Sua agência de publicidade foi contratada por uma agência de turismo para fazer uma propaganda de um pacote turístico para pessoas da terceira idade. Construa a pirâmide de Maslow, criando um apelo para cada uma das necessidades.

8. A empresa TudoLight lançará um iogurte *light* para crianças obesas e vai colocar o produto e promotores de vendas em supermercados. Seu foco é principalmente o público infantil. Como a marca e o produto não são conhecidos, a empresa contratou você para criar estratégias para que o consumidor aprenda a

Anexos

consumir o novo produto. Você decide usar a teoria da aprendizagem. Descreva as estratégias que você usará, tendo como base o reforço positivo de tal teoria.

CAPÍTULO 3

9. Veja esta propaganda e responda as questões:

a) Quais estilos de vida aparecem na propaganda?
b) Em qual estágio do ciclo de vida a família está?
c) Qual é a classe social representada na figura?
d) Quais papéis sociais estão presentes?

10. Para que classes sociais você ofereceria:
a) Uma nova marca e *designer* de geladeira.
b) Joias da H.Stern.
c) Uma roupa de marca.
d) Um curso de pós-graduação de US$ 50.00 por mês.

CAPÍTULO 4

11. Cristina tinha uma festa à noite e saiu para comprar um simples vestido. Porém, saiu da loja com um modelo sofisticado, que custou quase o triplo do que pretendia gastar. Questionada sobre a compra, disse que não sabia "o que deu nela" por ter feito tal compra. Achou lindo o vestido e na verdade não poderia pagar tal preço. Que tipo de comportamento de consumo Cristina apresentou? Por quê?

Comportamento do consumidor • Vencendo desafios

12. Liste as faculdades que você pesquisou quando escolheu a instituição em que você estuda. Responda:

a) Como você identificou a necessidade de buscar por uma faculdade e o curso que escolheu.

b) Liste as faculdades que você pesquisou quando escolheu o curso.

c) Quais foram as alternativas que você levantou e que avaliação fez de cada uma delas.

d) Como você tomou a decisão para matricular-se na faculdade escolhida.

e) Qual é a sua avaliação agora que você está estudando na instituição que escolheu?

13. Qual é a relação entre o grupo de referência e o líder de opinião.

CAPÍTULO 5

14. Você pretende abrir uma academia no seu bairro. Para verificar o tipo de academia e a viabilidade do negócio, você providenciará uma pesquisa e trabalhará com amostra. Elaborará o questionário com os dados necessários e questões que o ajude a segmentar seu público-alvo e o tipo de atividades.

CAPÍTULO 6

15. Você vai abrir uma loja virtual de utilidades domésticas de R$ 1,99. Descreva como você controlará os fatores que influenciam o comportamento do consumidor virtual para poder garantir a fidelidade do seu consumidor.

16. Descreva como você manteria a presença de sua loja virtual de artigos esportivos em blogues e redes sociais.

CAPÍTULO 7

17. A empresa "Momentos Felizes", que comercializa eletrodomésticos e outros produtos de cozinha, o(a) contratou para criar e gerenciar o setor de relacionamento com o consumidor e pediu que você apresente meios dos quais se utilizará para se comunicar com o cliente. Explique, para a "Momentos Felizes", que meios de comunicação com o cliente você usará.

18. No século XX, a empresa, para conquistar o cliente, precisava apenas ter um bom produto ou serviço. Mas o cenário mudou, e, a partir do século XXI, ter um bom produto ou serviço é obrigação da empresa. Qual é o principal investimento que a empresa deve fazer hoje para conquistar o cliente?

19. Explique a relação entre o reforço positivo e os programas de fidelidade.

CAPÍTULO 8

20. O marketing de um creme dental diz que ele elimina 50% mais placas que seu concorrente. Na verdade, ele elimina 3%, enquanto seus concorrentes eliminam 2%. Analise o caso em relação aos princípios integrantes dos ideais de justiça.

Anexos

Questões objetivas

CAPÍTULO 1

1. Juliana adora flores e resolveu abrir o próprio negócio, uma floricultura. Percebeu que não era tão simples assim. Conversou com Marcela, sua amiga de infância, que abriu uma papelaria. A amiga sugeriu que ela começasse pela segmentação de mercado. Aceitando a sugestão da amiga, Juliana deverá começar:

a) Pelo composto de marketing, ou seja, pela definição do produto (o que ela vai vender), do preço (o valor que o consumidor pagará pelo produto), do ponto (o local onde o consumidor encontrará o produto) e da promoção (a comunicação e promoções que divulguem seu produto).

b) Definindo o lugar adequado para sua floricultura, pois uma escolha errada acarretará elevado prejuízo.

c) Definindo seu público-alvo (festas, velórios, shoppings, feirantes, moradores do bairro etc.).

d) Pela quantia que tem disponível para montar sua floricultura.

e) Pela contratação de empregados, pois deverá, até o início das atividades de sua floricultura, ter todos seus funcionários capacitados para exercerem sua função.

2. O estudo do comportamento do consumidor tem como objetivo compreender o comportamento de consumo, ou seja, saber o que, como, onde, quando e por que as pessoas compram.

Oferece dados aos profissionais de marketing para que eles possam criar ou adaptar seus produtos e marcas às necessidades dos clientes, assim como elaborar estratégias adequadas de marketing para divulgá-las.
Com relação às duas afirmativas, pode-se dizer que:

a) As duas afirmativas estão corretas e a segunda justifica a primeira.
b) As duas afirmativas estão corretas, mas a segunda não justifica a primeira.
c) A primeira afirmativa é correta e a segunda incorreta.
d) A primeira afirmativa é incorreta e a segunda é correta.
e) As duas afirmativas são incorretas.

CAPÍTULO 2

3. Os rearranjos de gôndolas e prateleiras em supermercados têm sido cada vez mais planejados com a intenção de levar o consumidor a consumir cada vez mais. Paulo foi contratado por um supermercado com este objetivo e aplicou seus conhecimentos com base na percepção. Em qual das alternativas abaixo ele usou o princípio da proximidade, estabelecido pela teoria da percepção.

a) Colocou junto aos caixas pequenas gôndolas com revistas, doces e outros supérfluos, aproveitando o tempo gasto na fila para o consumidor levar seu último produto supérfluo.

b) Colocou os mesmos produtos de marcas diferentes, mas embalagens semelhantes, próximos, como, açúcar da marca "União" e da marca "Barra".

c) Colocou os produtos associados conforme a cultura alimentar, como queijo ao lado do macarrão, filtro de papel ao lado do café etc.

d) Colocou produtos básicos como arroz no canto oposto à entrada e os supérfluos na entrada, assim o consumidor passará por inúmeras tentações até chegar ao arroz.

e) A questão está equivocada, pois não existe princípio da proximidade no estudo do comportamento do consumidor.

4. A Psicanálise, criada por Sigmund Freud, revolucionou a maneira de ver o aparelho psíquico com seus estudos sobre o inconsciente. Afetou não somente a Psicologia, mas diversas áreas do saber. Trouxe grandes contribuições para o estudo do comportamento do consumidor no que diz respeito aos apelos direcionados às instâncias psíquicas ou aos elementos da personalidade. Veja a propaganda. Para qual das instâncias psíquicas (ou elementos da personalidade) é o apelo?

a) O apelo é ao superego, já que esta instância psíquica se refere à parte instintiva, animalesca e primitiva do ser humano. É regida pelo princípio do prazer.

b) O apelo é ao ego, já que esta instância psíquica se refere à parte instintiva, animalesca e primitiva do ser humano. É regida pelo princípio do prazer.

Anexos

c) O apelo é ao Id, já que esta instância psíquica se refere à parte instintiva, animalesca e primitiva do ser humano. É regida pelo princípio do prazer.
d) A propaganda busca pelo tríplice apelo, já que existe a necessidade de ser sensual, que é saudável.
e) A propaganda busca pelo tríplice apelo, já que aparecem o reforço positivo, o reforço negativo e a punição.

5. Joana mudou de residência e ao convidar Marisa para conhecer sua nova moradia disse: aqui é um bairro nobre, tenho como vizinhos um juiz e um médico. É outro nível. Joana está se referindo à necessidade de autorrealização.

Segundo A. Maslow, a necessidade de autorrealização envolve todo o potencial de uma pessoa e a leva a se autodesenvolver. É a procura de crescimento pessoal. Com relação às duas afirmativas, pode-se dizer que:

POR QUÊ?
a) As duas afirmativas estão corretas e a segunda justifica a primeira.
b) As duas afirmativas estão corretas, mas a segunda não justifica a primeira.
c) A primeira afirmativa é correta e a segunda incorreta.
d) A primeira afirmativa é incorreta e a segunda é correta.
e) As duas afirmativas são incorretas.

6. As estratégias de aprendizagem de consumo, utilizadas pelos profissionais de marketing, recebem contribuições das teorias associativas baseadas nos condicionamentos do comportamento. Uma de suas estratégias é conhecida como reforço positivo, e este é usado quando:
a) O consumidor tem tratamento preferencial, recebe mala direta personalizada, concorre a prêmios quando vê que a faquinha vem com o bolo, os adesivos na caixa de cereais etc.
b) A pessoa compra para evitar algo indesejável ou uma desgraça, por exemplo: seguros, creme dental, desodorantes etc.
c) A propaganda mostra a intenção de substituir o produto que a pessoa gosta, mas não lhe faz bem. Por exemplo, um produto com zero caloria.
d) O ser humano aponta pela primeira vez um produto que deseja comprar.
e) Quando o consumidor entra na loja com pensamento positivo.

7. Mariza sabe que na psicologia do consumidor a atitude é uma predisposição interna para avaliar um produto de forma favorável ou não e decidir pelo consumo. Ela tem clareza de que precisa trabalhar os componentes da atitude para elaborar estratégias que levem o consumidor a adquirir o produto. Os três componentes da atitude são:
a) Um componente de identificação da necessidade (do produto), um componente de avaliação das alternativas (de que marca comprar) e o componente decisão de compra (adquirir o produto).

b) O componente reconhecimento do problema (desejo de adquirir o produto), o de busca de informações (o consumidor precisa conhecer as empresas que oferecem o produto) e o da decisão de compra (adquirir o produto).

c) O componente cognitivo (conhecimento sobre o produto), o afetivo (sentimento sobre o produto) e o comportamental (que é a predisposição para a ação, a compra do produto).

d) O componente cognitivo (reconhecimento sobre o produto), o componente racional (a avaliação dos preços e das empresas que oferecem o produto) e o componente atitudinal (que é a compra do produto).

e) A questão está equivocada, pois atitude é atitude e não comporta componente algum.

CAPÍTULO 3

8. Para lançar um novo produto, o profissional de marketing deverá levar em consideração o cliclo de vida da pessoa, para que possa atender às suas necessidades. A empresa Brinquedos Brincadeiras está lançando um jogo para as crianças que frequentam as primeiras séries do ensino fundamental. Com relação ao ciclo de vida, qual das alternativas preenche a clientela da empresa:
a) Casal ninho I, mãe e pai solteiros ninho I.
b) Casal ninho I, mãe e pai solteiros ninho II.
c) Casal ninho II e pai e mãe solteiros ninho II.
d) Casal ninho II e pai e mãe solteiros ninho III.
e) Casal ninho III e pai e mãe solteiros ninho III.

9. Com relação ao estilo de vida, as pessoas realizadas são aquelas maduras, bem informadas, que buscam durabilidade, valor e praticidade.

São pessoas bem-sucedidas, voltadas para o trabalho, dirigidas pelos valores do grupo social. Consomem produtos que dão imagem e status.
Com relação às duas afirmativas, pode-se dizer que:

POR QUÊ?
a) As duas afirmativas estão corretas e a segunda justifica a primeira.
b) As duas afirmativas estão corretas, mas a segunda não justifica a primeira.
c) A primeira afirmativa é correta e a segunda incorreta.
d) A primeira afirmativa é incorreta e a segunda é correta.
e) As duas afirmativas são incorretas.

10. A propaganda para o público infantil deve despertar o interesse dos adultos, pois são eles que detêm o dinheiro para a compra dos produtos para as crianças. Para atingi-los, as propagandas infantis devem:
I. Ter a presença de animais, principalmente personificados.
II. Devem demonstrar o lado educativo do produto.
III. Devem ter jingles, pois são fáceis de serem memorizados.

Pode-se afirmar que:

a) Apenas a afirmativa I é a correta.
b) As afirmativas I e II são as corretas
c) As afirmativas II e III são as corretas.
d) Apenas afirmativa II é a correta.
e) As afirmativas I e III são as corretas.

11. Para o profissional de marketing, é importante estar atento ao estudo das tendências, porque elas se antecipam, visualizam o que está por vir. Duas das tendências destacadas por Faith Popcorn são a "Volta ao passado" e a "Ancoragem", que são, respectivamente:

a) "Vida saudável, comer melhor, fazer exercícios" e "sair da rotina, turismo, realidade virtual".

b) "Pertencer a grupos que tenham as mesmas ideias, aspirações e lazer" e "questionar-se em quem confiar?, nas empresas?, nos casamentos?, na família?".

c) "Vida saudável, comer melhor, fazer exercícios" e "busca de espiritualidade e sentido para a vida".

d) "Pessoas mais velhas buscando por roupas joviais, tintura para o cabelo, plásticas" e "questionar-se em quem confiar? nas empresas? nos casamentos? na família?".

e) "Pessoas mais velhas buscando por roupas joviais, tintura para o cabelo, plásticas" e "busca de espiritualidade e sentido para a vida".

12. As classes sociais referem-se ao grupo de pessoas que têm o mesmo status social, segundo um critério preestabelecido. O tipo de residência, a localização, o uso do ambiente, o que a pessoa escolhe e o que usa definem sua classe social. A primeira coluna refere-se à classe social e a segunda às suas características. Relacione a primeira com a segunda coluna, ou seja, a classe social com sua característica:

1. Alta superior   a) É a classe operária; tem na classe média seu grupo de referência; gastam dinheiro na casa.

2. Alta inferior   b) Profissionais com bom nível acadêmico, de boa educação; incluem-se alguns gestores.

3. Média superior   c) Famílias tradicionais, o poder financeiro é herdado, frequentam clubes fechados.

4. Média inferior   d) Formada por altos executivos, líderes de empresas, proprietários de negocios bem-sucedidos.

5. Baixa superior   e) Trabalhadores da área administrativa. Não alcançam altos cargos na empresa. Foco na família.

A relação correta é:
a) 1a, 2b, 3c, 4d, 5e.
b) 1c, 2b, 3d, 4a, 5e.
c) 1c, 2d, 3b, 4e, 5a.
d) 1a, 2d, 3c, 4e, 5b.
e) 1b, 2c, 3d, 4a, 5e.

13. As subculturas regionais do Norte, Nordeste, Centro-oeste, Sul e Sudeste do Brasil apontam características específicas e consumo específico de determinados produtos.

Podemos observar que católicos, judeus, protestantes e muçulmanos consomem produtos específicos de acordo com sua religião.
Com relação às duas afirmativas expostas, pode-se dizer que:

a) As duas afirmativas são verdadeiras e a primeira justifica a segunda.
b) As duas afirmativas são verdadeiras e a primeira não justifica a segunda.
c) A primeira afirmativa é verdadeira e a segunda é falsa.
d) A primeira afirmativa é falsa e a segunda verdadeira.
e) As duas afirmativas são falsas.

CAPÍTULO 4

14. Realizada a compra, o consumidor experimenta o produto para fazer uma avaliação detalhada do bem adquirido. Esta é a última etapa do processo de compra. O consumidor sente certo desconforto a respeito do produto/serviço.

Esse desconforto é chamado dissonância cognitiva; é o que o consumidor sente durante o intervalo de tempo que se inicia desde a compra até a utilização de um produto/serviço e que está relacionado com as dúvidas que o norteiam a respeito do desempenho e das principais características do objeto de compra. O problema é que ele, após a compra, não busca informações para ter certeza de que atingiu as expectativas desejadas.

Com relação às duas afirmativas, pode-se dizer que:

a) As duas afirmativas são verdadeiras e a primeira justifica a segunda.
b) As duas afirmativas são verdadeiras e a primeira não justifica a segunda.
c) A primeira afirmativa é verdadeira e a segunda é falsa.
d) A primeira afirmativa é falsa e a segunda verdadeira.
e) As duas afirmativas são falsas.

Anexos

CAPÍTULO 5

15. Janaína elaborou um questionário sobre a nova marca de café e o aplicou durante a degustação em um grande supermercado. Entregava o questionário, o consumidor respondia às questões e o entregava a ela, que agradecia a participação dele. Ao ler as respostas do questionário, ficou com muitas dúvidas. Evitaria as dúvidas se usasse:

I. A técnica da observação, que lhe permitiria, pelas feições dos consumidores, deduzir a apreciação ou não da nova marca de café.

II. A técnica da entrevista, que lhe permitiria esclarecer as dúvidas no momento com o entrevistado.

III. As técnicas projetivas, para levantar os desejos conscientes dos consumidores sobre a nova marca de café.

a) Apenas a afirmativa I é a correta.
b) As afirmativas I e II são as corretas
c) As afirmativas II e III são as corretas.
d) Apenas a afirmativa II é a correta.
e) As afirmativas I e III são as corretas.

CAPÍTULO 6

16. A internet realizou o grande sonho das empresas: o de oferecer o produto personalizado ao consumidor.

POR QUÊ?

As pesquisas realizadas pelas empresas sobre um consumidor, durante um período, revelam muito sobre ele. Informações sobre sua profissão, seus hobbies, estado civil e outras são obtidas por meio de pesquisa que as empresas fazem na internet.

Com relação às duas afirmativas, pode-se dizer que:

a) As duas afirmativas são verdadeiras e a primeira justifica a segunda.
b) As duas afirmativas são verdadeiras e a primeira não justifica a segunda.
c) A primeira afirmativa é verdadeira e a segunda é falsa.
d) A primeira afirmativa é falsa e a segunda verdadeira.
e) As duas afirmativas são falsas.

17. Mariana fez uma pesquisa para entender por que alguns consumidores não retornavam a sua loja e identificou a péssima qualidade no atendimento ao consumidor. Como estratégia, criou um programa de fidelização, oferecendo prêmios e descontos para aqueles que sempre voltassem a sua loja, com o objetivo de fazer consumidores antigos retornarem e atrair novos.

Comportamento do consumidor • Vencendo desafios

I. Ela usou a estratégia certa, pois, segundo o conceito de reforço positivo, tais ações aumentariam a probabilidade de os clientes retornarem a sua loja.
II. Sua estratégia de fidelizar os clientes trará resultados somente quando aplicada após o treinamento dos seus colaboradores.
III. Para obter resultados, como resgatar consumidores antigos e atrair novos, ela deveria implantar imediatamente o programa de fidelização de clientes.

a) Apenas a afirmativa I é a correta.
b) As afirmativas I e II são as corretas
c) As afirmativas II e III são as corretas.
d) Apenas afirmativa II é a correta.
e) As afirmativas I e III são corretas.

CAPÍTULO 7

18 O produto do setor de hotelaria é dependente do relacionamento com seus consumidores para manter a fidelização.

Depende do consumidor para avaliar seus produtos, que são intangíveis.
Com relação às duas afirmativas, pode-se dizer que:

a) As duas afirmativas são verdadeiras e a segunda não justifica a primeira.
POR QUÊ? b) As duas afirmativas são verdadeiras e a segunda justifica a primeira.
c) A primeira afirmativa é verdadeira e a segunda é falsa.
d) A primeira afirmativa é falsa e a segunda é verdadeira.
e) As duas afirmativas são falsas.

CAPÍTULO 8

19. O Procon atua em ambiente local, atende diretamente aos consumidores e tem papel fundamental na execução da política nacional de defesa do consumidor.

O Procon é o único órgão brasileiro que se encarrega de defender e proteger o consumidor.
Com relação às duas afirmativas, pode-se dizer que:

POR QUÊ? a) As duas afirmativas são verdadeiras e a primeira justifica a segunda.
b) As duas afirmativas são verdadeiras e a primeira não justifica a segunda.
c) A primeira afirmativa é verdadeira e a segunda é falsa.
d) A primeira afirmativa é falsa e a segunda é verdadeira.
e) As duas afirmativas são falsas.

Anexos

20. Muitas empresas estão implantando o chamado SAC 2.0 para evitar que as reclamações de clientes prejudiquem sua imagem. O SAC 2.0 refere-se:

a) À parceria que as empresas fazem com o Procon, o Inmetro e o Ipem.

b) À parceria que as empresas fazem com órgãos específicos, como a Embratur e a Susep.

c) Às cartilhas e orientações específicas, obedecendo às leis por elas estipuladas.

d) Às redes sociais (Facebook, YouTube, Twitter e outras) e aos **sites** de reclamações.

e) À consulta permanente às delegacias especializadas em crimes contra o consumidor.

Referências bibliográficas

BANOV, Márcia Regina. *Psicologia no gerenciamento de pessoas*. 4. ed. São Paulo: Atlas, 2015.

BARRETO, Iná Futino; CRESCITELLI, Edson. *Marketing de relacionamento*: como implantar e avaliar resultados. São Paulo: Pearson, 2013.

CARAVANTES, Geraldo Ronchetti; CARAVANTES, Cláudia B. e KLOECKNER, Mônica Caravantes. *Comunicação e comportamento organizacional*. Porto Alegre: ICDEP, 2009.

CASTRO, Cristina Oliveira. *Morre cadela da socialite Vera Loyola*. Disponível em: http://oglobo.globo.com/rio/morre-cadela-da-socialite-vera-loyola-5544240. Acesso em: 22 out. 2015.

CLELAND, Scott; BRODSKY, Ira. *Busque e destrua*: por que você não pode confiar no Google Inc. São Paulo: Matrix, 2012.

FUNDAÇÃO PROCON SP. *Código de Proteção e Defesa do Consumidor*. Disponível em: http://www.procon.sp.gov.br/pdf/CDC12014.pdf. Acesso em: 7 dez. 2015.

GADE, Christiane. *Psicologia do consumidor e da propaganda*. São Paulo: EPU, 1998.

GRILLO, Cristina. *Socialite faz festa privê para cadela*. Disponível em: http://www1.folha.uol.com.br/fsp/cotidian/ff1910199931.htm. Acesso em: 22 out. 2015.

JESUS, Jacqueline Gomes de. *Orientações sobre identidade e gênero*: conceitos e termos. Brasília, 2012. Disponível em: http://www.researchgate.net/publication/234079919_Orientaes_sobre_Identidade_de_Gnero_Conceitos_e_Termos. Acesso em: 24 out. 2015.

JESUS, Tiana Brum; SCHERES, Patrícia Terezinha; FERREIRA, Guilherme Gomes. *Relações de gênero e consumo*: problematizando práticas significado feminino nos corpos. Seminário Internacional Fazendo Gênero 10 (Anais eletrônicos): Florianópolis, 2012.

KARSAKLIAN, Eliane. *Comportamento do consumidor*. São Paulo: Atlas, 2004.

MERLO, Edgard. CERIBELI, Harrison. *Comportamento do consumidor*. Rio de Janeiro: LTC, 2014.

MOREIRA, Joaquim Manhaes *A ética empresarial no Brasil*. São Paulo: Pioneira Thomson Learning, 2002.

MOWEN, John C.; MINOR, Michael S. *Comportamento do consumidor*. São Paulo: Prentice Hall, 2003.

NASH, Laura L. *Ética nas empresas*: guia prático para soluções de problemas éticos nas empresas. São Paulo: Makron Books, 2001.

SAMARA, Beatriz Santos; MORSCH, Marco Aurélio. Comportamento do consumidor: conceitos e casos. São Paulo: Prentice Hall, 2005. (9ª reimpressão, 2013)

SILVA, Fábio Gomes da; ZAMBON, Marcelo Socorro (org.). *Gestão do relacionamento com o cliente*. 3. ed. São Paulo: Cengage, 2015.

SILVA, Fernando Brasil. *A psicologia dos serviços em turismo e hotelaria*: entender o cliente e atender com eficácia. São Paulo: Pioneira Thomson Learning, 2004.

SCHIFFMAN, Leon G.; KANUK, Leslie Lazar. *Comportamento do consumidor*. 6. ed. Rio de Janeiro: LTC Livros Técnicos e Científicos Editora, 2000.

SCHWERINER, Mário Ernesto René. *Comportamento do consumidor*: identificando necejos e supérfluos. São Paulo: Saraiva, 2006.

SOLOMON. Michael R. *Comportamento do consumidor*: comprando, possuindo e sendo. Porto Alegre: Bookman, 2002.

SROUR, R. H. *Ética empresarial – a gestão da reputação – posturas responsáveis nos negócios, na política e nas relações pessoais*. Rio de Janeiro: Campus, 2003.

TISKI-FRANKOWIAK, Irene T. *Homem, comunicação e cor*. 4. ed. São Paulo: Ícone, 2000.

VAZ, Conrado Adolfo. *Os 8 Ps do marketing digital*: o guia prático do marketing digital. São Paulo: Novatec, 2011.

ZENONE, Luiz Cláudio. *Marketing de relacionamento*: tecnologia, processos e pessoas. São Paulo: Atlas, 2010.

Impressão e Acabamento

Bartira

Gráfica

(011) 4393-2911